AF338001

LE DIRECTOIRE

ET

LA RÉPUBLIQUE CISALPINE

PAR

M. LUDOVIC SCIOUT

Extrait de la *Revue des questions historiques.* — 1ᵉʳ juillet 1894

PARIS

BUREAUX DE LA REVUE

5, RUE SAINT-SIMON, 5

—

1894

LE DIRECTOIRE

ET

LA RÉPUBLIQUE CISALPINE

PAR

M. LUDOVIC SCIOUT

Extrait de la *Revue des questions historiques*. — 1ᵉʳ juillet 1891

PARIS

BUREAUX DE LA REVUE

5, RUE SAINT-SIMON, 5

1891

LE DIRECTOIRE

ET LA RÉPUBLIQUE CISALPINE

Les révolutionnaires français ont dépouillé les républiques vassales avec la plus grande âpreté, tout en soutenant qu'elles leur devaient un dédommagement puisqu'ils les avaient rendues libres et dotées d'une constitution semblable à la leur ; et cette prétendue liberté et cette constitution, ils les foulaient aux pieds avec le cynisme le plus odieux ! En France, ils faisaient des coups d'État au nom de la constitution de l'an III, qu'ils violaient impudemment : mais ils imposaient à leurs alliés, avec la même rigueur, une constitution calquée sur elle, et la violaient encore plus audacieusement s'il est possible. La République Cisalpine était la plus riche des républiques vassales ; aussi les révolutionnaires, pour son malheur, se sont particulièrement occupés d'elle. Pendant plusieurs années, fournisseurs, agents civils, militaires, rivalisent chez elle d'impudence et d'avidité, et luttent à qui volerait le mieux et les habitants du pays et le trésor français. Et en même temps le Directoire y fait jouer, avec plus d'impudence encore que dans les autres républiques ses sujettes, une ignoble parodie du régime constitutionnel. Ses agents ne cessent de fructidoriser les prétendus gouvernants de la Cisalpine, bien qu'ils les aient choisis eux-mêmes et triés sur le volet. La colonie française, les révolutionnaires locaux, l'armée elle-même, sont divisés en coteries politiques qui s'exècrent et se font une guerre aussi acharnée que déloyale. Les généraux, habitués aux exactions de toute sorte, pleins de mépris pour les gouvernants de Paris, soutiennent certains mécontents et se mêlent scandaleusement des affaires de la Cisalpine, en bravant le Directoire. Les révolutionnaires eux-mêmes sont forcés de reconnaître qu'ils ont apporté dans cette riche contrée le désordre le plus affligeant et l'immoralité la plus honteuse, et que l'armée française s'y est corrompue. Le régime constitutionnel, qu'ils ont proclamé avec tant de fracas et pratiqué ensuite à force de coups d'État [1], est devenu rapidement la risée universelle, et les populations indignées ne ressentent pour lui que le plus profond dégoût. Il suffit d'étudier la courte histoire de la République Cisalpine pour reconnaître toute l'absurdité de cette légende qui fait des révolutionnaires les propagateurs de la liberté en Europe. En réalité, ils n'ont travaillé que pour eux-mêmes et pour l'absolutisme.

La République Cisalpine est l'œuvre de Bonaparte. Après sa brillante victoire de Lodi, il occupa Pizzighettone, Crémone et Côme; l'archiduc avait évacué Milan : la municipalité envoya au vainqueur les clefs de cette ville; il promit de respecter la religion, les propriétés et les personnes. Le 14 mai, Masséna entra dans Milan, renouvela les promesses de son général en chef, et commença le siège du château, où les Autrichiens avaient laissé une garnison. Le 16, Bonaparte fit son entrée triomphale à Milan.

Au milieu de cette merveilleuse campagne de Lombardie, le vainqueur de Lodi se vit obligé de tenir tête à son gouvernement, qui voulait limiter son autorité et entraver ses projets. Mais il contraignit bien vite le Directoire à capituler devant lui; Bonaparte s'établit donc à Milan en souverain absolu. Les révolutionnaires de Lombardie et du Piémont y accoururent immédiatement, et l'accablèrent de basses et ridicules adulations : celui-ci le nommait Scipion, celui-là Annibal; pour le républicain Ranza, il fut Jupiter! Il eut à ses pieds, avec certains naïfs, beaucoup de prétendus patriotes, désireux avant tout de s'enrichir par tous les moyens. Ils furent tout de suite très liés avec les commissaires et les agents français, s'associèrent à leurs intrigues et à leurs dilapidations et exercèrent une influence déplorable sur les des-

---

[1] On va voir qu'elle en subit quatre en fort peu de temps. Les Fructidoriens firent dans la République Batave deux coups d'État; l'un le 3 pluviôse an VI, l'autre le 24 prairial suivant. Ils en firent également un contre la République Helvétique le 28 prairial an VI, un contre la République Romaine le 1ᵉʳ complémentaire an VI, un contre la République Ligurienne le 17 fructidor de la même année. V. nos articles dans cette *Revue : La République Française et la République Batave* (t. XLVII, p. 537); *Le Directoire et la République de Berne* (t. LI, p. 486); *Le Directoire et la République Romaine* (t. XXXIX, p. 110); *Le Directoire et la République de Gênes* (t. XLV, p. 128).

linées de leur pays. On planta des arbres de la liberté, avec de grandes déclamations. Bonaparte, pour ne pas exaspérer les Italiens, empêcha les révolutionnaires de commettre des attentats violents contre la liberté religieuse, et se montra aimable à l'égard de l'archevêque de Milan. Mais, le 20 mai, il eut soin de flatter à la fois la prêtrophobie et la cupidité du Directoire et des révolutionnaires, en annonçant pompeusement à ses soldats qu'ils allaient bientôt « réveiller le peuple romain engourdi par plusieurs siècles d'esclavage. » Cela signifiait qu'on irait bientôt prendre aussi des millions à Rome.

Les prêtrophobes et les pêcheurs en eau trouble furent ravis. Mais, en attendant le pillage de Rome, ils se mirent à tondre les habitants de la Lombardie en conscience. Bonaparte imposa immédiatement, le 30 floréal (19 mai), à Milan et dans la Lombardie une contribution de vingt millions, dont le recouvrement fournit à de nombreux agents et officiers de l'armée l'occasion de se livrer à une foule d'extorsions odieuses mais très lucratives pour eux. Il imposa aussi de lourdes réquisitions. Déjà, le 18 mai, il avait commencé à enlever les chefs-d'œuvre des arts pour les faire transporter à Paris. Mais les révolutionnaires français pillaient sans scrupule les propriétés privées. Sous prétexte de réquisitions pour les besoins de l'armée, l'on prenait tout ce qu'on voulait, et l'on forçait les propriétaires à racheter leur bien. Les riches, écrasés par le paiement de la grande contribution, les logements militaires, l'entretien des officiers et par des extorsions de toute sorte, renvoyaient leurs domestiques : on déclara que ces individus désœuvrés et mécontents pourraient occasionner des désordres, et la municipalité établie par Bonaparte intima aux maitres l'ordre de continuer à leur payer leurs gages : les domestiques furent donc obligatoires [1]. Les chevaux et les voitures étaient mis en réquisition pour l'armée, et en réalité confisqués pour l'agrément de ses agents, ou revendus par eux à leur profit ; le Directoire n'avait-il pas écrit à Bonaparte de lui envoyer tout ce qui était transportable et pourrait être de quelque utilité ?

Le mont-de-piété de Milan renfermait des dépôts pour une somme très considérable. Suivant un usage italien, une grande

---

[1] On agit de même lors de l'envahissement de Rome.

partie de ces dépôts formait la dot de demoiselles pauvres, et était tenu en réserve au mont-de-piété par les parents jusqu'au moment de leur mariage [1]. Bonaparte s'empara de tous les objets des monts-de-piété, en déclarant qu'ils appartenaient à la République française. Les propriétés privées formant la réserve des pauvres étaient donc confisquées ; aussi le mécontentement fut très grand. Salicetti était spécialement chargé de pressurer les Italiens, et il s'en acquittait à merveille. De concert avec Bonaparte, il supprima les autorités politiques qui existaient en Lombardie, sauf le congrès d'État, et les autres autorités chargées des finances, en plaçant dans ces fonctions des hommes à lui, mais il eut soin d'instituer trois agents militaires pour toute la Lombardie et un agent provincial dans chaque arrondissement de cette contrée. Ce furent en réalité des pachas de Bonaparte [2]. Il leur est recommandé de maintenir le respect dû aux propriétés et aux personnes : on sait ce que cela veut dire ! Bonaparte leur enjoint d'empêcher que le peuple ne soit troublé dans l'exercice de son culte, car il n'entend pas tolérer les ignobles incartades des prêtrophobes, qui pour le moins vaudraient des coups de couteau à ses soldats. On se contentera de prendre l'argenterie et les propriétés des églises.

Cependant, il y eut une sorte d'émeute à Milan pendant que les révolutionnaires faisaient fête autour de l'arbre de la liberté. Le général Despinoy dispersa la multitude avec un escadron [3]. Les administrateurs et les agents ne songeaient qu'à pressurer le pays et laissaient les troupes sans vêtements et sans vivres. Aussi les paysans étaient odieusement pillés par les soldats, leurs femmes et leurs filles souvent outragées. Plusieurs Français et patriotes italiens furent victimes de leur vengeance ; à Binasco, entre Milan et Pavie, un détachement entier de Français fut égorgé, et il y eut, le 23 mai, un terrible soulèvement à Pavie.

---

[1] Botta, *Histoire d'Italie*, t. I, p. 159.

[2] Ils surveillent tous les fonctionnaires conservés, les tribunaux conservés, et aussi l'esprit public de chaque commune « et prendront des mesures pour la répression *des crimes de lèse-nation* » (quelle nation ?), et pour leur prompt jugement auprès des tribunaux criminels qui doivent en connaître.

[3] Le 5 prairial, 24 mai, Bonaparte ordonna à Despinoy de faire juger par une commission militaire des individus arrêtés les armes à la main pendant l'émeute du 4, et de les faire fusiller au faubourg du Tessin : le 7, il lui écrivait : « A cette heure, je pense que vous avez fait fusiller ceux qui ont été pris les armes à la main. » *Correspondance*, t. I, p. 324.

La révolte fut noyée dans des flots de sang. Bonaparte fit arrêter comme otages un grand nombre de Lombards, ensuite, par une proclamation du 9 prairial (28 mai), il ordonna à ses généraux de marcher sur tous les villages qui ne seraient pas soumis, d'y mettre le feu et de fusiller tous ceux qu'ils trouveraient les armes à la main [1]. L'article 6 de cette proclamation est ainsi conçu : « Tous les nobles ou *riches* qui seront convaincus d'avoir excité le peuple, *soit en congédiant leurs domestiques*, soit par *des propos* contre les Français, seront arrêtés comme otages, transférés en France, et *la moitié de leurs revenus confisquée.* » Il ne s'agit plus ici d'une violente répression militaire; c'est un terrorisme véritable, systématiquement organisé et dans un but de spoliation [2]. Bonaparte écrivait en même temps à Despinoy : « Soyez impitoyable pour les villages révoltés, et exécutez mon ordre à la lettre. » Les Lombards, récalcitrants à ce que les révolutionnaires appelaient la liberté, furent donc traités par ces derniers, comme les Lyonnais et les paysans de l'Ouest, en véritables compatriotes [3]. Après ces terribles exemples il n'y eut plus d'insurrections importantes, mais les Français furent souvent victimes d'actes de vengeance isolés.

Bonaparte défit les Autrichiens à Borghetto, les expulsa complètement de la Lombardie et bloqua Mantoue. Il revint ensuite à Milan et y organisa une République Lombarde. Les directeurs n'avaient vu dans l'invasion de l'Italie qu'un moyen de faire subsister leurs armées dans un pays riche, de procurer de bonnes affaires à leur coterie par la spoliation de cette contrée, et d'arracher à l'Empereur une paix avantageuse qui les relèverait dans l'opinion et leur permettrait de se maintenir au pouvoir. Ils ne tenaient guère aux conquêtes de Bonaparte, et préféraient en trafiquer avec l'Empereur pour le déterminer à céder la Belgique. Bonaparte, au contraire, voulait lier l'Italie à

---

[1] « Tous les villages où l'on sonnera le tocsin seront sur-le-champ brûlés. Tout homme trouvé avec un fusil, des munitions de guerre, sera fusillé de suite. Toute maison où il sera trouvé un fusil sera brûlée, à moins que le propriétaire ne déclare à qui il appartient. »

[2] *Correspondance.* t. I. p. 327. Il est évident qu'il suffira d'accuser simplement de propos contre les Français tous ceux qu'on voudra proscrire et dépouiller. C'est de la tyrannie fiscale!

[3] Le 12 prairial (31 mai), Bonaparte donnait encore l'ordre de faire fusiller « sans formalités » de prétendus chefs de révolte. *Ibid.*, p. 310.

la République française par un vasselage très étroit, et y prendre de l'argent régulièrement, jusqu'à ce qu'elle fût complètement épuisée. Il entendait garder la Lombardie à sa discrétion et y installer un semblant de république qui serait une menace perpétuelle pour les autres États de l'Italie, et dont l'établissement exciterait chez tous les Italiens, entamés déjà par les idées révolutionnaires, des espérances et des illusions qu'il saurait exploiter.

L'Italie renfermait alors de nombreux utopistes, qui avaient une passion historique et littéraire pour les héros de l'ancienne Rome : c'était la mode chez eux de se proclamer républicains avec emphase. L'établissement de la république en France les avait jetés dans une vive exaltation : ils fermaient systématiquement les yeux sur les fautes et les crimes des révolutionnaires français ; à les entendre, les esprits seraient transformés par la proclamation de la république, et le jacobinisme disparaîtrait bien vite, et l'on entrerait immédiatement dans cet âge d'or qu'ils annonçaient avec une naïveté incomparable. En attendant, ils se laissaient pousser en avant par un petit nombre de déclamateurs ambitieux et pervers, véritables révolutionnaires qui cherchaient à provoquer un bouleversement général et marchaient sur les traces des pires révolutionnaires français. Ils s'unirent à ces novateurs violents et cupides pour livrer la Lombardie aux révolutionnaires français, croyant sottement que ceux-ci quitteraient bientôt l'Italie après l'avoir bouleversée à leur profit. Utopistes et jacobins de Lombardie étaient à genoux devant Bonaparte, qui sut obliger le Directoire à ratifier tous ses actes et à établir dans la haute Italie une prétendue république dont il était, lui, Bonaparte, le dictateur. Le 24 prairial (12 juin), la municipalité de Milan abolit la noblesse et enjoignit à tous les nobles de livrer leurs titres de . les huit jours pour en faire un autodafé. Le 3 messidor (21 juin), le château de Milan fut forcé de capituler : Bonaparte s'en servit désormais comme d'une Bastille véritable pour brider les Italiens trop peu dociles.

Le 10 thermidor, Salicetti envoyait au Directoire le tableau des contributions de guerre imposées récemment à l'Italie : elles s'élevaient à 61,805,000 livres 8 sols 7 deniers. La Lombardie y figurait pour 20,000,000, dont elle avait payé près de la moitié, savoir 9,958,500 livres [1]. En outre, on en avait pris 2,000,000 dans les caisses publiques de Milan : l'argenterie et les bijoux confisqués des monts-de-piété étant évalués à 855,000 livres, mais on en avait détourné une partie, et il ne s'agit ici que des contributions en numéraire, de l'argent et des bijoux saisis [2]. Les contributions en denrées furent très lourdes et donnèrent lieu à une foule d'extorsions et de dilapidations [3].

Mais la contribution de 20,000,000 livres devait être bien vite dépensée. Aussi, le 7 fructidor (24 août 1796), Bonaparte et les commissaires décidèrent que le congrès de l'État de Lombardie fournirait lui-même, comme il pourrait, un million par mois. Et cependant les soldats restaient sans argent, sans pain, sans souliers. Mais, pour se consoler, ils voyaient les agents et certains chefs militaires se livrer à un luxe effréné, aux dépens des Lombards et des caisses de l'armée [4]. Car, en dehors des contributions imposées par le général en chef, ils commettaient quantité d'exactions dont les victimes n'osaient pas se plaindre. Ils imposaient des réquisitions de chevaux, de denrées, de fourrages, pour les faire racheter ensuite par les propriétaires moyennant une somme dont ils se dispensaient de rendre compte. On établissait d'abord des hôpitaux militaires dans les couvents, pour les retirer ensuite moyennant une rançon en espèces ou en argenterie d'église qu'on faisait payer aux reli-

[1] Arch. nat., AF³ 155. Le 8 thermidor, Salicetti demanda le paiement du reste dans deux décades ; sinon les officiers municipaux et les vingt plus riches particuliers de chaque commune en retard seraient arrêtés, envoyés en France, et leurs biens confisqués jusqu'à concurrence des sommes dues.

[2] On voit figurer encore dans le compte de Salicetti l'argenterie de l'église de la Chartreuse de Pavie pour 34,323 livres, les soies du Mont-Sainte-Thérèse à Milan, pour 260,000; quelques-unes des meubles et effets du château de Monza pour 45,201 livres. Il paraît que le mobilier de ce château fut dilapidé honteusement.

[3] Salicetti a bien soin de ne pas mentionner les innombrables réquisitions en nature faites irrégulièrement, sous prétexte des besoins de l'armée, aux communes, aux établissements publics, aux particuliers, et les extorsions qui furent imposées. Sans doute, leur produit n'entrait pas dans la caisse du payeur général, mais il alimentait le luxe insensé, les débauches scandaleuses de nombreux fournisseurs, agents et militaires : il ne comptait pas pour le Directoire, c'est vrai, mais il comptait pour le pays.

[4] On faisait payer des frais de route pour des régiments qui n'avaient jamais bougé ; les morts grossissaient les états de dépense, etc. « Il n'y a que trop d'argent dépensé en indemnités et pertes, écrit Bonaparte le 21 vendémiaire an V ; au moindre échec, chacun a perdu son portemanteau. » *Correspondance*, t. II, p. 49.

gieux [1]. On vendit, pour des prix fabuleux, des permissions d'habiter leurs campagnes à de grands propriétaires sommés par arrêté de rentrer à Milan, où ils craignaient de subir des vexations de toute sorte. Les malades et les blessés, victimes de la rapacité de certains agents, mouraient en grand nombre, car l'argent destiné aux lits, aux médicaments, était souvent détourné. Et les concussionnaires, fournisseurs, agents généraux, festoyaient et prodiguaient ouvertement l'argent qu'ils avaient volé à des comédiennes, à des danseuses, à des courtisanes qui, parfois, trafiquaient ouvertement de leur crédit. Bonaparte écrivait au Directoire que cette bande immense de voleurs se soutenait devant les conseils de guerre : « on achète les juges, c'est une foire, tout se vend [2]. »

Bonaparte s'obstina à créer en Italie des républiques vassales, parce qu'elles devaient être en fait ses vassales à lui, et qu'il était bien décidé d'avance à livrer la malheureuse Venise en compensation de la Lombardie. Il réalisa son dessein par les articles préliminaires secrets signés à Léoben (29 germinal an V, 18 avril 1797). Mais le Directoire et Bonaparte eurent soin de répandre le bruit que la République Lombarde était reconnue par le traité. Bonaparte se trouvait désormais dans la nécessité de donner au moins à cette république l'apparence d'un gouvernement. Depuis la conquête, la Lombardie était censée régie par par une commission qui exécutait servilement les ordres du moindre agent français. Son rôle consistait à lever des contributions, pressurer le peuple et donner des gratifications aux officiers français; aussi tout le monde, en Lombardie, désirait la fin d'un pareil régime; les modérés, parce qu'ils étaient pressurés; les révolutionnaires, parce qu'ils n'exerçaient aucune autorité. Bonaparte réunit d'abord, le 30 floréal (19 mai), le Modénais, Reggio, Massa, à la République Lombarde. Il se réser-

---

[1] Bonaparte écrit, le 16 frimaire, qu'un agent qui avait extorqué ainsi deux cents sequins à des religieux vient d'être élargi par le conseil de guerre pendant son absence. « Je viens d'ordonner qu'il serait destitué et chassé de l'armée, mais cette punition est bien faible. » *Correspondance*, t. II, p. 143.

[2] *Correspondance*, t. II, p. 52. Il a renouvelé cette accusation de vénalité des juges. « Diriez-vous, ajoute-t-il, que l'on cherche à séduire mes secrétaires jusque dans mon antichambre ! » Au sujet du Mantouan, il écrit, le 11 vendémiaire an V : « La nature frémit en pensant à la nuée de coquins qui désolent ce pays. » *Ibid.*, p. 20.

vait de lui adjoindre bientôt cette République Cispadane qu'il avait établie avec tant de fracas. Il chargea un comité de dix membres, dont cinq Milanais, de préparer un projet de constitution, qui fut naturellement calqué sur la constitution de l'an III. Le 11 messidor (29 juin), il annonça aux Milanais, par une proclamation, qu'ils allaient passer bientôt du régime militaire au gouvernement constitutionnel; mais, « afin que ce passage puisse s'effectuer sans secousse et sans anarchie, » les conseils et le gouvernement vont être choisis par la République française, de sorte que le peuple cisalpin ne nommera qu'après un an aux places vacantes, d'après la constitution. Cette constitution lombarde est donc, comme la constitution de l'an III, son modèle, escamotée dès le premier jour. Bonaparte avait pu s'assurer que les partisans de la république ne formaient qu'une faible minorité, et qu'en outre une partie de cette minorité, si les élections étaient libres, lui donnerait beaucoup d'ennui. Il nomma directeurs de la Cisalpine le duc Serbelloni, aristocrate rallié à la Révolution par ambition et par peur [1]; Alessandri, grand fauteur de troubles dans les villes vénitiennes; Moscati, médecin et philosophe, et Paradisi, écrivain élégant. Il laissa provisoirement la cinquième place de directeur vacante, pour pouvoir la donner à un Bolonais ou à un Ferrarais quand ces pays seraient réunis officiellement à la Cisalpine. Il créa quatre comités de constitution, de finances, de justice et de guerre, en attendant les conseils. Le 9 juillet (21 messidor), il adressa une pompeuse proclamation à la république nouvelle. Serbelloni, président du Directoire, dans un discours emphatique prononcé en présence de Bonaparte, le compara à Scipion l'Africain [2]. Le nouveau Scipion divisa la république en départements et se réserva le droit de nommer et les membres des deux conseils et les administrateurs et les juges [3]. Il organisa partout

---

[1] Il déclara qu'il le choisissait parce qu'il était très compromis.

[2] Cette comparaison eut un grand succès chez les républicains, et passa aussitôt de Milan à Paris.

[3] Bonaparte faisait prendre l'argenterie des églises : le 9 prairial an V (28 mai), il écrit à Joubert que quarante-cinq communes du Vicentin ont refusé de la livrer, et il lui ordonne de les y contraindre (*Correspondance*, t. III, p. 80). Mais des insurrections eurent lieu dans ce pays ; aussi, le 8 thermidor, il ordonne à Joubert de sévir contre les villages, de brûler des maisons, de prendre des otages. *Ibid.*, p. 100.

des gardes nationales et leva des troupes italiennes, qu'il traitait
dans sa correspondance avec le plus grand dédain [1].

II.

Bonaparte avait décidé que la République Cisalpine, accrue de
la Cispadane et d'une partie de la terre ferme vénitienne, serait
censée jouir du régime constitutionnel le 1er frimaire an VI
(21 novembre 1797). Il lui avait déjà donné, outre ses directeurs, le fameux Haller pour diriger les finances [2], et le général
français Vignole pour ministre de la guerre. Les députés et les
fonctionnaires avaient été nommés par l'étranger, parmi les déclamateurs et les faiseurs d'affaires. Mais lorsque cette comédie
constitutionnelle fut commencée, Bonaparte venait de quitter
l'Italie. Aussi le grand conseil, à peine installé, réagit assez im-
prudemment contre sa politique, rétablit la liberté de la presse,
supprima les employés de la police, et se montra beaucoup plus
désireux d'introduire dans la nouvelle république la licence révolutionnaire que la vraie liberté. Les jacobins d'Italie firent
aussitôt les motions les plus violentes et réclamèrent la confiscation des biens du clergé. Mais le conseil des Anciens et le
Directoire arrêtaient l'ardeur intempestive du grand conseil. Le
plus affreux désordre régnait dans l'administration de la nouvelle république. Bientôt on imposa aux plus riches propriétaires une contribution patriotique de cinq millions, car les
finances de la Cisalpine étaient écrasées par l'entretien des
troupes françaises chargées de protéger sa liberté républicaine.
Jusqu'alors, le Directoire français, par l'intermédiaire de ses
généraux, prenait en Cisalpine tout ce qu'il trouvait bon à
prendre, sous prétexte des besoins de son armée. Mais depuis
que ce pays était censé jouir d'une constitution libre, il devenait nécessaire de régulariser cette situation et de lui imposer
un traité formel qui mettrait à la discrétion du Directoire presque

[1] Le 16 vendémiaire, il écrit à Talleyrand : « Je n'ai pas à mon armée un
seul Italien, hormis, je crois 1,500 polissons ramassés dans les rues des diffé-
rentes villes d'Italie, qui pillent et ne sont bons à rien. » Les Cisalpins ne
pourront de longtemps avoir des troupes passables. « C'est une nation éner-
vée et lâche. » *Ibid.*, p. 370.

[2] Il le traitait de « fripon qui n'est venu dans ce pays que pour voler. »
29 brumaire an V. *Correspondance*, t. II, p. 121.

toutes les ressources de cette république prétendue indépendante. Visconti était son ambassadeur à Paris; Serbelloni lui fut adjoint pour conclure avec le gouvernement français un traité de paix et d'alliance. Il fut reçu par le Directoire fructidorien en audience solennelle le 10 pluviôse an VI (29 janvier 1798), et lui adressa un curieux discours sur l'alliance des deux républiques. Barras, alors président du Directoire, lui répondit impudemment que la République française ne recherchait point les conquêtes pour étendre sa domination; elle « dédaigne cet orgueil stupide; elle n'aime à trouver le souvenir de ses triomphes que dans le spectacle du bonheur que la liberté procure aux nations : *cette félicité était le seul prix que la République française attendait du succès de ses armes* [1]. » Le traité public et le traité secret avec la Cisalpine allaient prouver, au contraire, que la grande république mettait à son intervention un prix exorbitant, et qu'elle n'attendait pas seulement de la Cisalpine son argent, mais le sacrifice de son indépendance.

En effet, le Directoire exige que cette république mette ses forteresses sur le pied de guerre, et achète les canons qui manquent. Ces places seront commandées par des généraux français et leurs garnisons composées pour moitié de troupes françaises. En outre, la Cisalpine devra entretenir 25,000 soldats français, bannir les marchandises anglaises de son territoire et souscrire pour mille actions au moins à l'emprunt contre l'Angleterre. Les deux républiques contracteront l'alliance la plus étroite. Serbelloni acceptait tout; mais Visconti, qui trouvait ce traité par trop léonin, eut le courage de résister aux prétentions du Directoire. Celui-ci renonça, mais seulement en apparence, à quelques-unes de ses prétentions, car le traité définitif qui liait sous prétexte d'alliance la Cisalpine à la France, et la faisait garder par un corps de troupes françaises moyennant dix-huit millions par an, mettait en réalité toutes les ressources de cette république à sa discrétion. En outre, la Cisalpine s'engageait par des articles secrets à soutenir les mêmes principes de navigation que le Directoire, et à le suivre pour l'interdiction des denrées et des marchandises anglaises. La place de Pizzighettone sera mise à la disposition de la France pour y « organiser un

---

[1] *Débats et décrets*, pluviôse an VI, p. 125.

équipage de siège et de campagne pour l'armée qu'elle serait dans le cas d'envoyer en Italie contre l'ennemi commun. » Elle sera occupée par une garnison exclusivement française commandée par un officier français. La Cisalpine ne pourra avoir sur pied moins de 22,000 hommes, et elle devait déjà entretenir 25,000 Français ! « La flottille du lac de Garde sera assez considérable pour avoir la supériorité sur les Autrichiens. » La Cisalpine ne peut, sans le consentement du Directoire, être en guerre avec une puissance amie ou alliée de la France. Le Directoire emploiera ses bons offices auprès des autres puissances de l'Europe pour leur faire reconnaître la République Cisalpine. Enfin, toutes les fois qu'il en sera requis, le Directoire cisalpin remettra l'état de ses troupes au Directoire français. Ce traité fut conclu le 8 ventôse an VI : on voit qu'il imposait de très lourdes charges à la Cisalpine et l'assujettissait complètement à l'étranger [1].

Pendant qu'à Paris on discutait sur l'étendue des sacrifices que les Cisalpins étaient forcés de faire à leurs prétendus libérateurs, l'armée française, campée chez eux et vivant à leurs dépens, s'insurgeait méthodiquement contre ses chefs, parce que sa solde était scandaleusement arriérée, et menaçait d'évacuer la Cisalpine s'ils ne faisaient droit immédiatement à ses réclamations, et les Cisalpins étaient obligés de fournir aux généraux français l'argent nécessaire pour payer la solde et prévenir une désertion en masse. La garnison de Mantoue s'était soulevée : le général Miollis, après avoir essayé inutilement de faire rentrer les mutins dans le devoir, finit par leur promettre le paiement de leur solde; mais, comme il manquait absolument de fonds, il imposa sur les plus riches habitants de Mantoue une contribution forcée de 400,000 francs. Le général Baraguey d'Hilliers se rendit ensuite à Mantoue, après s'être fait donner 200,000 francs par le Directoire cisalpin; mais il fut forcé de reconnaître que les révoltés ne céderaient jamais si leur solde n'était payée intégralement, et qu'il fallait tenir au plus vite l'engagement que Miollis avait pris « pour prévenir la désertion en masse et en armes. » Comme Mantoue était complètement épuisée par la dernière contribution, il demanda encore

---

[1] Arch. nat., AF³, registre 18.

300,000 francs au Directoire cisalpin, pour être en état d'acquitter la solde de la division jusqu'au 1er ventôse et prévenir ainsi de très grands malheurs, car les autres troupes étaient trop bien disposées pour les mutins. Il annonça, le 16 pluviôse (5 février), au général Sérurier, commandant en chef, qu'il avait dû capituler devant « l'obstination froide et réfléchie » de ses soldats « après la plus mûre délibération, après l'examen le plus réfléchi de tous les détails, de toutes les circonstances qui ont accompagné les séditions du 13, et les faits des jours suivants [1].... »

Le gouvernement cisalpin et les Mantouans furent donc obligés de supporter les conséquences pécuniaires de cette révolte, causée uniquement par l'incurie et les gaspillages de l'administration française. Cette sédition, devant laquelle les généraux crurent nécessaire de plier, montrait que depuis le 18 fructidor l'esprit de discipline était bien affaibli dans l'armée. En effet, les soldats ne pouvaient oublier qu'à cette époque on leur avait fait signer des adresses dans lesquelles ils se déclaraient prêts à rentrer en armes dans l'intérieur de la France pour chasser les royalistes; aussi, quelques mois plus tard, ils menaçaient encore de quitter l'Italie, et de rentrer en armes dans leur patrie, mais pour demander ou plutôt faire justice des dilapidateurs qui les laissaient dans la misère. Le Directoire, très effrayé du mauvais esprit des soldats, inquiet de l'attitude indépendante que certains généraux commençaient à prendre vis-à-vis du pouvoir civil, résolut de se décharger plus que jamais sur les républiques alliées de l'entretien de ses soldats, et il prit aussitôt prétexte de cette sédition pour accuser de trahison à son égard les Cisalpins qui défendaient contre lui les intérêts de leur patrie.

Les révolutionnaires ardents de la Cisalpine votèrent le traité onéreux et humiliant qui leur était imposé. Ils se berçaient de l'espoir d'obtenir des directeurs français, par leur entière soumission, l'annexion de la Ligurie, d'Ancône, de Parme, et même du Piémont et de la Toscane : lorsqu'ils auraient ainsi constitué, à force de servilité, une grande république, ils comptaient se redresser et revendiquer leur indépendance à l'égard des Jaco-

[1] Arch. nat., AF³, 71.

bins français. En ce moment même, ils cherchaient à profiter des événements qui venaient de s'accomplir en Suisse pour s'annexer Lugano, Mendrisio et certains pays qui font actuellement partie du canton du Tessin; mais le Directoire, qui avait aisément deviné leur jeu, devait mettre bon ordre à ces tentatives d'annexion. Le grand conseil avait voté le traité d'alliance; mais le conseil des anciens le repoussa, en exposant les motifs de son rejet. Aussi le Directoire cisalpin s'empressa de déclarer qu'il avait agi contrairement à la constitution en motivant sa décision, et les anciens le reconnurent en consentant à une nouvelle délibération. Mais ils demandèrent à leur Directoire comment agiraient les Français si le traité était encore rejeté. Les directeurs cisalpins, dans un entretien particulier avec le président des anciens, déclarèrent que la Cisalpine était absolument sous la dépendance des Français et qu'on ne pourrait les empêcher, s'ils le voulaient, de lui imposer de nouveau le régime militaire et de prendre les mesures les plus rigoureuses contre tous les Cisalpins dont ils seraient mécontents [1]. Le Directoire de Milan fit une proclamation pour annoncer l'acceptation du traité par le grand conseil, et déclarer au peuple qu'elle était indispensable; néanmoins le conseil des anciens le rejeta, en ayant soin de ne plus donner de motifs. Cet acte d'indépendance irrita vivement le Directoire de Paris. Il se méfiait des deux conseils, qui pourtant avaient été composés à l'imitation de ceux de Paris; et bien que le Directoire cisalpin eût fait tout son possible pour le contenter, il le trouvait encore beaucoup trop mou. Moscati, président de ce Directoire, répondit à ce reproche dans une lettre adressée le 27 ventôse (17 mars) à Merlin, président du Directoire de Paris [2]. On accuse, disait-il, le Directoire cisalpin d'être faible et sans caractère. « Mais, citoyen président, peut-on avoir un caractère lorsque toutes nos actions sont subordonnées aux volontés, au caractère personnel, à la varia-

[1] « Ce sont les Français qui ont fondé votre république, avait-on dit à Visconti lors de la négociation du traité, et ils sont maîtres de la détruire. »

[2] Arch. nat., AF⁴, 71. Il parle de lui dans cette lettre : « Médecin de profession, *assez connu en Italie*, homme de lettres par goût, je me suis mêlé du gouvernement à cause de l'attachement, je dirai même de l'admiration que j'avais conçu pour le général en chef Bonaparte. » C'est pour ce motif et aussi par amour de la liberté, qu'il dit avoir abandonné sa profession, pour le suivre dans ses campagnes à l'âge de cinquante-six ans.

billté des sentiments des généraux français, dont l'un adopte la fermeté par principe, l'autre la douceur ; l'un est pénétré de la nécessité de protéger le gouvernement, l'autre voudrait tout faire par une conciliation dont les malintentionnés abusent [1]. » Ainsi ont agi Berthier et Leclerc. « Voilà donc, dans la courte période de deux mois, le Directoire vilipendé et considéré, négligé et soutenu. » Il demande que le Directoire français envoie à Milan un ministre capable, qui corresponde directement avec lui. C'est du reste ce qu'il va bientôt faire. Moscati se plaint du corps législatif : il y a, suivant lui, dans le grand conseil une douzaine d'anarchistes qui détestent la France, et finissent par diriger tout ; « il y en a quatre, six tout au plus, aristocrates très décidés, avocats éloquents, gens à talents, qui conduisent le conseil des anciens, et lui font rejeter en grande partie ce que le grand conseil propose, et retardent la marche du gouvernement ; » il faut modifier cet état de choses. Mais, le 28 ventôse, le Directoire cisalpin déclare nettement au Directoire de Paris que le corps législatif de Milan est très mal composé [2]. Le général en chef est malheureusement pour les voies conciliatoires et elles ne servent qu'à augmenter son audace. Le Directoire de Milan n'ose point agir avec énergie, de peur d'échouer tristement, car le général en chef ne l'a jamais laissé disposer librement de cinq cents hommes de troupes cisalpines : il leur fait suivre toujours les mouvements de l'armée d'Italie. Le Directoire finit en donnant à entendre au Directoire de Paris qu'il serait opportun de faire un petit coup d'état en sa faveur. Une pareille insinuation, adressée à des fructidoriens, ne pouvait être perdue ; seulement ils jugèrent que le Directoire cisalpin avait, lui aussi, besoin d'une épuration. Déjà les Français et le Directoire de Milan avaient pris des mesures de rigueur contre les journalistes : un député d'origine vénitienne fut arrêté sous l'accusation d'avoir fomenté les troubles de l'armée. Le 27 ventôse, Berthier envoya de Gênes aux Cisalpins une proclamation menaçante ; elle commençait ainsi : « Un traité d'alliance avec la République française peut seul assurer votre liberté, et par conséquent est le dernier coup porté à la tyrannie. » La trahison était organisée, on voulait soulever l'armée française et lancer Français et Cisalpins les uns contre les autres ; « des traîtres, à la solde des puissances royalistes qui vous environnent, sont peut-être cachés dans quelques autorités les plus respectables de votre gouvernement. » Dans les mesures rigoureuses qu'il a prises, il a respecté la constitution donnée par la France, bien qu'il fût tout à fait libre d'employer l'autorité militaire pour le salut de l'armée ; mais il usera énergiquement de ses pouvoirs pour assurer la tranquillité et la liberté des Cisalpins [1]. Comme il venait de proclamer que le traité d'alliance était indispensable pour assurer leur liberté, personne ne pouvait douter qu'il ne fût décidé à imposer son acceptation par la force brutale. Les anciens furent contraints de passer à une troisième délibération, et d'accepter le traité. Les journaux officieux eurent bien soin de dire qu'il avait été accepté avec enthousiasme ; quant aux journaux indépendants, ils furent de nouveau comprimés. Le parti radical, dirigé alors par le général Lahoz, devint tout-puissant. Quelque temps après, les paysans des environs du lac de Garde, exaspérés par la tyrannie des radicaux, se soulevèrent ; leur révolte fut rigoureusement comprimée par les troupes françaises.

Le Directoire cisalpin ne profita point de sa victoire, bien qu'il se fût montré singulièrement souple à l'égard du Directoire français. Mais il avait eu l'audace de lui présenter quelques observations sur ses exigences pécuniaires [2], et ce gouvernement était bien décidé à exploiter la Cisalpine comme la France, et à ne supporter aucune observation de la part des révolutionnaires qui étaient censés la gouverner. Il donna au général

[1] « J'ai bridé les Cisalpins avec des chaînes de fer, disait Talleyrand à l'ambassadeur prussien Sandoz, et ils ne pourront pas concevoir une idée ambitieuse sans la permission du Directoire ; cela était nécessaire avec des têtes follement exaltées. »

[2] Ainsi il lui rappelait, le 28 ventôse, qu'en dehors du million payé tous les mois au Directoire, la Cisalpine avait, du 20 pluviôse au 25 ventôse, versé dans la caisse militaire française plus de 1,100,000 fr. Et le 30 ventôse il lui écrivait encore que l'emprunt de 1,785,000 fr. résolu par le général Berthier outre celui de 400,000 dont il a reçu la plus grande partie, les 1,100,000 fr. déjà prêtés à l'armée française, et les 73,000 rations fournies chaque jour à cette armée sont autant de coups mortels portés à la république, qu'au lieu de pouvoir s'occuper des armements et fortifications nécessaires à sa sûreté, elle sera bientôt dénuée de toute sorte de moyens, et dans l'impossibilité de faire marcher le gouvernement. Arch. nat., AF³ 71.

Brune, dont la situation était devenue trop difficile en Suisse [1], le commandement de l'armée d'Italie, et, le 4 germinal (24 mars), il lui enjoignit d'éloigner deux directeurs et plusieurs députés cisalpins. Ils n'ont été nommés que par le général de l'armée française, disent ses instructions; le Directoire, juge suprême des opérations de son général, peut donc les destituer; d'ailleurs, tant qu'un traité n'a pas été consommé par un échange de ratifications légales qui assure l'indépendance des Cisalpins, la France conserve sur eux le droit de conquête. Le 24 germinal (13 avril), les directeurs Moscati et Paradisi, qui avaient engagé doucereusement le Directoire français à faire un coup d'état en leur faveur furent contraints de se retirer sur la sommation du nouveau général en chef, avec le secrétaire général Sommariva et plusieurs députés [2]. Brune nomma directeurs Testi et Lamberti. Des journaux furent supprimés. Brune était chargé de requérir le Directoire cisalpin de surveiller les directeurs et les députés exclus, et de leur déclarer que dans le cas où soit par leurs démarches, discours, écrits, « soit par leurs relations quelconques, » ils compromettraient de nouveau la sécurité de la république et de l'armée, ils seraient arrêtés et conduits à Briançon pour être jugés comme espions et agents de l'étranger. Brune devait faire percevoir exactement la contribution de quinze cent mille francs par mois pour l'entretien complet des troupes françaises, « indépendamment du logement et du casernement qu'il leur fera fournir tant en santé qu'en maladie par la même république. »

III.

Le 15 germinal précédent (4 avril), Brune, ayant appris à son arrivée que trois Français avaient été assassinés dans les rues

---

[1] V. le *Directoire* et la *République de Berne*, dans la *Revue*, t. LI, p. 186.

[2] En vertu du principe posé, il n'y a pas lieu *de confirmer la nomination de neuf députés;* l'un d'eux, le Vénitien Zoggi, accusé d'avoir voulu soulever l'armée française pour livrer Mantoue à l'Autriche, sera conduit à Mantoue pour être jugé par un conseil de guerre. Les rédacteurs des journaux supprimés seront conduits à Briançon pour être aussi jugés par un conseil de guerre. Le Directoire cisalpin devra remplacer ses ministres de l'intérieur et des finances par des hommes sûrs, et épurer aussitôt ses agents à l'étranger. On exige de lui « le changement de destination du citoyen Porro, qui fait autant de mal à Gênes qu'il pourrait peut-être faire de bien, s'il était envoyé auprès d'une puissance monarchique. » Arch. nat., AF³, registre 18.

de Milan, prit un arrêté portant peine de mort contre tout individu, qui, passé le délai de vingt-quatre heures, serait trouvé porteur d'un poignard ou d'un couteau à gaine dans tout endroit où des troupes françaises seraient cantonnées. Il en était de même à Rome. La masse du peuple italien détestait les révolutionnaires français.

Mais il y avait dans la nouvelle République Cisalpine beaucoup plus à piller qu'en Hollande, en Suisse, en Ligurie; aussi ces révolutionnaires tenaient-ils essentiellement à la diriger en maîtres absolus, tout en lui imposant pour la forme un prétendu gouvernement qu'ils faisaient, défaisaient et refaisaient suivant leur fantaisie du moment. Les violents comptaient beaucoup sur Brune : ce général avait déjà prouvé en Suisse qu'il était ambitieux, cupide et intrigant. Il voulait gouverner à sa guise les peuples conquis, faire la loi non seulement au Directoire de Milan, mais à celui de Paris, en un mot singer Bonaparte. Il fut bien vite, à Milan, entouré d'intrigants et de flatteurs qui l'entretinrent dans ces ridicules dispositions : les pêcheurs en eau trouble, les révolutionnaires violents français et italiens l'accaparèrent facilement. D'après la Révellière, c'était un esprit médiocre, un homme de plaisir comme tous les Dantoniens, et il n'a montré que fausseté et dissimulation. Il faut reconnaître que par sa conduite il a complètement justifié ces accusations. Suchet, son chef d'état-major, alors révolutionnaire ardent, les généraux Dufraisse et Gardanne l'excitaient constamment à prendre des mesures révolutionnaires et à gouverner tyranniquement la Cisalpine. La situation de cette république devenait de jour en jour plus embarrassée. Le grand conseil adressa au Directoire cisalpin un message sur le malheureux état des finances, et l'invita à demander au Directoire français de modifier les dispositions trop rigoureuses du traité d'alliance. Le 6 floréal (25 avril), le secrétaire français David donnait au ministère des relations extérieures des renseignements peu satisfaisants sur la situation de la Cisalpine. Suivant lui, les directeurs, les ministres, les hommes importants de cette république, manquent d'énergie et de lumières; on peut cependant les faire marcher en employant à la fois la douceur et la fermeté. Mais l'amour de la liberté paraît s'affaiblir à cause du régime militaire et des dissentiments entre les autorités constituées et l'état-major français. Il a remarqué que les chefs de l'armée française et surtout les employés des administrations militaires cherchent à prolonger la tutelle sous laquelle ils tiennent un pays, que les premiers regardent encore comme une conquête, et où les seconds trouvent dans sa position actuelle de grandes facilités pour exercer d'odieuses rapines dont l'effet est d'aliéner de la France des alliés nécessaires et naturels, pour l'avantage personnel de quelques hommes sans pudeur et sans patrie. « Un trait suffira pour les faire juger : des objets d'artillerie avaient été vendus aux Cisalpins, des craintes inspirées au général en chef les lui ont fait reprendre, et néanmoins l'on en poussait le paiement avec rigueur [1]. »

Le Directoire français, qui fructidorisait alors ses anciens complices du 18 fructidor, se déclara en droit de changer la constitution de la Cisalpine, et de la considérer comme une simple ordonnance militaire, puisqu'elle n'avait pas été soumise à l'acceptation du peuple. Il prit donc le parti de l'améliorer, « ou pour mieux dire lui substituer purement et simplement la constitution romaine [2]. » Mais il voulait ménager les apparences, et tenait avant tout à ce que ce changement de constitution parût réclamé par les Cisalpins eux-mêmes. Trouvé fut chargé de cette délicate opération : c'était un protégé de la Révellière, un homme jeune, actif, rusé, très apte à faire des coups d'état de ce genre; mais le Directoire commit une grande faute en laissant Brune, l'homme des démagogues, à côté de lui.

Trouvé était décidé à ne pas fléchir devant l'autorité militaire et à bien établir, au contraire, qu'elle devait la déférence la plus complète à l'ambassadeur du Directoire. Arrivé à Milan le 26 floréal (15 mai), il déclare que Brune lui doit la première vi-

[1] Arch. nat., AF³, 71.

[2] « Elle a plus d'énergie et d'ensemble, et sera par conséquent plus durable, toutes circonstances étant d'ailleurs égales. » C'est ce que le Directoire écrivait à Trouvé le 15 prairial (3 juin), en lui donnant ses instructions pour le prochain coup d'état. Trouvé pourra seulement faire quelques petites modifications qui plairaient aux Cisalpins. Il doit faire annuler la loi impolitique qui interdit à tout Cisalpin ayant des propriétés hors du territoire de la république d'être directeur ou ministre. Le Directoire veut sans doute que les acquéreurs de ses biens nationaux gouvernent la Cisalpine. Il faut que ce changement soit opéré tout entier, en un jour, d'accord avec Brune, et que le gouvernement français paraisse le moins possible. On finit en recommandant de nouveau à Trouvé « célérité, maturité, force et prudence. » Copie de ces instructions est envoyée à Brune. Arch. nat., AF³, v. 18.

site ; *cedant arma togæ* [1]. Ils vivent tout d'abord dans une union touchante, mais bientôt ils se trompent et se dénoncent mutuellement, et le général, par pure jalousie, cherche sournoisement à entraver l'exécution du coup d'état. Trouvé travaille avec Faipoult et David à la constitution nouvelle ; « quoique les instructions, dit-il, me prescrivaient d'adopter la constitution romaine, nous avons pensé, vu la rareté des hommes de mérite en ce pays, et par conséquent la difficulté du choix, qu'il fallait réduire les membres du Directoire de cinq à trois. » Il demande aussi des instructions sur la manière d'exécuter son coup d'état, et l'on voit aisément que Brune lui est devenu très suspect [2] ; mais pour l'instant il se contente de demander qu'il soit tenu d'obéir à ses injonctions [3] : il aimerait bien mieux avoir à côté de lui à Milan un simple général de division au lieu d'un général en chef habitué à exercer une autorité absolue. Trouvé veut délivrer la Cisalpine du gouvernement des états-majors, de la tyrannie odieuse des commandants de places [4]. Il se plaint aussi des dilapidations des fournisseurs. Faipoult lui a écrit que la

[1] *Mémoire de la Révellière*, t. III, p. 253.

[2] « Brune, de concert avec tous les désorganisateurs, les fripons, les espions et les salariés de l'Autriche, travaillait, en dessous main, à neutraliser ces *généreux desseins*, et aggraver encore le sort de ce malheureux pays. » (*Ibid.*, t. II, p. 297.)

[3] Lettre du 9 messidor an VI (27 juin). Le général pourra-t-il continuer à faire tous les jours des arrêtés, et à se dispenser de les lui communiquer? « Lui serait-il permis d'effectuer la menace qu'il faisait dernièrement parmi nous, de mettre au château de Milan le Directoire et les conseils cisalpins? »

[4] Conserveront-ils encore la police civile qu'ils sont censés exercer concurremment avec les autorités locales, mais qu'en réalité ils exercent arbitrairement sans s'inquiéter d'elles, et de la manière la plus abusive et la plus odieuse? Et il en cite de nombreux exemples. Le commandant de place délivre des cartes de sûreté, et la police ne peut plus atteindre ceux qui les ont reçues. On a enfermé à la citadelle de Milan lord Bristol, vieil Anglais plus que sexagénaire, qui habite l'Italie depuis plus de vingt ans. Rien n'est précisé contre lui, mais il paraît que sa liberté lui est offerte pour une grosse somme d'argent, aussi a-t-il déclaré qu'il entend sortir de sa prison sans payer si l'on ne prouve pas qu'il est coupable. Le général Delmas à Mantoue commet de nombreux abus d'autorité. Sur son ordre, le président de la municipalité, dans l'exercice de ses fonctions, au milieu de ses collègues, a été arrêté puis traîné en prison. On l'a mis en liberté au bout de vingt-quatre heures, mais la réparation n'est pas suffisante. Brune a dû lui écrire de tenir une conduite différente. Un général de brigade sous les ordres de Delmas, à Mantoue, vient de donner à ferme la pêche des environs de la forteresse! Tout commentaire serait inutile! Le commandant de Crémone, par la faute de la compagnie Bodin, a fait des réquisitions d'avoine exorbitantes. La municipalité ayant refusé de les accepter, il l'a tenue en arrestation pendant quelques heures, puis l'a relâchée, en disant que les fournisseurs venaient d'arriver. Brune l'a destitué et envoyé à la citadelle de Milan. Si les gens de ce

compagnie Bodin se vante d'avoir acheté des appuis dans le Directoire lui-même. La Cisalpine est déjà bien obérée en payant 1,500,000 fr. par mois; que sera-ce lorsqu'il lui faudra entretenir une armée de 25,000 hommes? Après le coup d'état on devra réduire les places par économie, et aussi parce qu'on a bien peu de sujets dignes de les occuper; « nous sommes embarrassés même pour trouver trois directeurs. » La tyrannie militaire qui pèse sur la Cisalpine gêne singulièrement ses relations avec les puissances étrangères [1]. « L'empereur, pour ne pas admettre comme ambassadeur l'envoyé de la Cisalpine, arguë toujours de l'inexécution du traité de Campo-Formio : il demande où est cette indépendance qu'il a reconnue [2]? » Le ministre de Naples a hésité longtemps, pour la même raison, à se faire accréditer auprès d'elle.

Le parti militaire est toujours coalisé avec les pêcheurs en eau trouble. Il ne rêve que d'expéditions lucratives; on vient de prendre possession de la citadelle de Turin, et ce parti est dans la joie parce qu'il espère bientôt dépouiller le Piémont. Brune a dit à Faipoult que jamais la situation n'avait été aussi belle pour rompre la paix. Trouvé croit, au contraire, que l'abandon de la citadelle de Turin serait un acte très beau et en même temps très habile. Il regrette qu'on laisse certains généraux se conduire indignement, tandis que Macdonald, général de premier ordre et d'une probité irréprochable, est méconnu et n'est pas même traité suivant son rang.

Au sujet de la célébration de la fête du 14 juillet, Trouvé fait des observations très sensées sur les procédés des Français à l'égard des ministres étrangers qui, tous, sauf celui d'Espagne, assistaient à cette fête. « Je crois qu'on eût pu se dispenser de faire chanter, à côté précisément de ces ministres de monarchie, par un grenadier à voix de castrat, ces mots : « Tout roi

pays n'étaient pas si indolents, il y aurait de nouvelles Vêpres siciliennes.... (*Mémoires de la Révellière*, t. II, p. 272 et suiv.)

[1] Faipoult écrivait alors, le 12 messidor, à la Révellière : « Nous serons détestés, qualifiés à juste titre de despotes et de tyrans, quand les généraux de brigade et de division pourront traiter les administrateurs comme des laquais ... Vous n'obtiendrez jamais du militaire de laisser de côté ces formes rudes qui suivent la victoire : il y est habitué, il n'en substituera jamais d'autres. Ceci est vrai pour le général en chef, comme pour le chef du plus petit détachement. »

[2] Et il persévéra toujours dans cette protestation si bien fondée.

n'est qu'un sujet rebelle. » Certes, si lorsque je représentais la république à Naples, on se fût permis contre elle une pareille qualification à la cour; j'aurais témoigné mon indignation de la manière la plus énergique. La République française doit haïr les rois, les proscrire chez elle, mais elle ne doit pas, sous prétexte d'honorer leurs agents, les inviter à entendre des injures. Je ne pense pas que cette réflexion soit aristocratique. Au dîner du général, où ils se trouvaient encore, je suis fâché qu'ils aient été témoins du peu de tenue des convives. *Un cabaret des guinguettes de Paris n'est pas aussi bruyant et ne paraît pas plus mauvaise compagnie* [1]. »

Du reste, Trouvé eut à se plaindre personnellement de l'insolence et de la grossièreté de certains officiers. Il donna un bal à l'occasion de la fête; le fils du général Gardane et plusieurs autres officiers y causèrent un affreux scandale et se conduisirent chez l'ambassadeur comme de grossiers tapageurs dans une ignoble guinguette. En outre, ce scandale paraissait prémédité. Trouvé voulait évidemment arracher la Cisalpine à la domination des militaires; aussi était-il devenu odieux à une certaine catégorie de généraux et d'officiers qui se vengeaient à leur manière. Brune montra dans cette affaire une mollesse significative, et bientôt Trouvé acquit la conviction qu'il avait dévoilé le projet de coup d'état aux directeurs et aux députés menacés. Les révolutionnaires français et italiens répétaient avec un air de triomphe que Trouvé ne pourrait rien faire, parce que Brune lui refuserait son concours. Les membres de son état-major se rendirent au cercle constitutionnel [2] de Milan et y jurèrent de maintenir la constitution actuelle. Les fournisseurs désiraient, naturellement, que la Cisalpine fût toujours livrée à cet état-major, dont la connivence était sans doute très onéreuse, mais qui, pourtant, leur faisait faire de bien bonnes affaires; aussi agissaient-ils vivement auprès de Brune pour le décider à contrecarrer Trouvé. Les terroristes italiens s'attachaient fortement à lui; aussi Trouvé déclare qu'il est flatté par *un entourage hideux.* « C'est de l'or qu'ils veulent, et s'il faut l'avoir par le sang, ils sont prêts à verser le sang pour rassasier cette soif de l'or. »

[1] *Mémoires de la Révellière*, t. III, p. 284.
[2] C'était comme en France, malgré son titre, une réunion de Jacobins.

On avait d'abord pensé à faire signer la constitution nouvelle par le Directoire français, puis à la faire publier, comme à Rome, par le général en chef. D'après Trouvé, rien n'eût été plus aisé si Brune avait voulu ajourner les conseils au 10 août. Mais Brune avait invité les présidents des deux conseils à tenir ferme, et leur avait même promis de les soutenir. Les généraux Suchet, Dufraisse, Gardanne ne cessaient d'exciter Brune à maintenir le régime militaire. Tous ceux qui venaient chez Trouvé étaient traités, par le parti militaire et les révolutionnaires italiens, de chouans, de conspirateurs et même d'émigrés. S'il faut en croire Trouvé, les patriotes milanais lui auraient dit, d'un ton de bravade, que la Guyane l'attendait.

Trouvé et Faipoult avaient compté faire le coup d'état au commencement de thermidor, mais ils reçoivent tout à coup de Paris l'ordre de différer. Du reste, grâce à Brune, il était éventé et ne pouvait plus être exécuté que par les baïonnettes. Les conseils menacés cherchaient à se populariser en abaissant le prix du sel et du tabac, et annonçant la diminution des impôts sur le vin et la mouture. On déclamait avec violence dans les *cercles constitutionnels*, et les Milanais qui venaient conférer avec Trouvé étaient insultés dans la rue. Trouvé envoya David à Paris. Brune s'y rendit aussi. Le Directoire était fort embarrassé. La Révellière, toujours hostile à la domination militaire, voulait que Brune fût écarté, mais le Directoire décida que Trouvé et Brune feraient le coup d'état de concert [1].

Pour avoir trop ménagé Brune, qu'il fut pourtant obligé à la fin de déplacer, le Directoire infligea à la Cisalpine trois coups d'état au lieu d'un [2].

---

[1] Lettre du 27 prairial arrivée le 4 thermidor. Mais le projet était connu, le Directoire Cisalpin dénonçait à la population Faipoult et Trouvé comme des conspirateurs, ainsi que leurs amis de Milan Faipoult, d'accord avec Trouvé, demanda carrément à Brune s'il concourrait à l'exécution du coup d'état. Brune lui fit une réponse affirmative. (Lettre de Faipoult, 4 thermidor, *Mémoires de la Révellière*, t. III, p. 162.)

[2] La fête du 10 août fut pompeusement célébrée à Milan, et pendant l'absence de Brune, les militaires et les révolutionnaires trouvèrent encore moyen de faire de nouvelles incartades. Des agitateurs cisalpins insultèrent Trouvé pendant qu'il se rendait au Champ de Mars. Le général Gauthier, qui faisait l'intérim de Brune, donna un grand dîner : le général Dufraisse, l'un des plus turbulents, porta un toast au retour du général en chef et exprima le désir que le Directoire lui permît « de faire rentrer dans le néant les intrigants et les ennemis de la liberté. » Il dit aussitôt après à un officier qui était

L'administration et les finances de la Cisalpine étaient complètement désorganisées. D'après Faipoult (lettres du 11 et du 23 thermidor), l'argent manquait pour l'armée ; la Cisalpine ne pouvait donner pour elle plus de 1,800,000 fr. par mois. « Rome ne peut fournir que de légers secours ; il faut plus de *quatre millions* par mois pour la solde et les administrations de tout genre. » Il est donc nécessaire, écrit Faipoult, que la trésorerie nationale envoie pour ce mois deux millions et demi. On devine l'impression fort désagréable que cette demande dut produire sur le Directoire ; il comptait, en effet, tirer des millions de la Cisalpine.

« Ici, les hôpitaux militaires, continue Faipoult, font reculer d'horreur : la jeunesse française y périt du besoin ; moitié des corps militaires sont sans habits : les entrepreneurs cessent leurs services faute de paiement, car on doit à la Cisalpine pour 1,800,000 fr. de réquisitions : de l'argent ! de l'argent ! c'est le cri de la nécessité qui doit pénétrer jusqu'à la trésorerie nationale et vaincre son inconcevable inertie [1]. »

Le Directoire tient à son coup d'état pour tirer encore plus d'argent de la Cisalpine et refréner à la fois les militaires français et certains révolutionnaires italiens. Il veut que ce changement de constitution soit réclamé par les Cisalpins et que le coup d'état paraisse avoir été leur œuvre. Le calcul sera déjoué : ses affidés consentaient à profiter du coup d'état, mais ils étaient trop fins pour prendre l'initiative ou assumer une responsabilité quelconque, et courir ainsi le risque de se compromettre auprès de leurs compatriotes [2].

Le 13 fructidor (31 août), les salles des conseils furent gardées par les troupes françaises ; les députés qui présentaient des lettres signées par Trouvé et Brune étaient seuls admis. L'ambassadeur adressa aux deux conseils une longue harangue :

---

près de lui : « J'ai parlé clair. » Cette menace était adressée à Trouvé : l'ambassadeur demanda au Directoire le changement de militaires d'un grade élevé qui cherchaient continuellement à l'insulter ainsi que sa femme.

[1] Arch. nat., AF³, 71.

[2] Le 4 fructidor, le Directoire annonce à Brune que les factions de la Cisalpine viennent de faire auprès de lui une tentative pour le déterminer à renoncer aux projets restaurateurs qu'il est chargé d'exécuter avec Trouvé. Il n'y a plus un instant à perdre pour les réaliser. Le général Lahoz était venu intriguer à Paris, mais on lui a ordonné de partir. (Arch. nat., AF³, v. 18.)

« Vous n'ignorez pas dans quel état de désorganisation et de faiblesse se trouve votre patrie ; vous n'ignorez pas les périls dont elle est menacée. Une constitution trop souvent violée pour conserver encore quelque force et pour garantir les droits des citoyens ; un gouvernement sans moyens, également impuissant pour faire le bien et pour empêcher le mal ; une administration ruineuse et mal entendue ; un état militaire nul et excessivement coûteux ; des finances dans un délabrement effrayant ; point d'institutions républicaines, point d'instruction publique ; nul ensemble, nulle uniformité dans les lois civiles ; de toutes parts, de l'insubordination, de l'insouciance, des dilapidations impunies ; en un mot, la plus complète et la plus épouvantable anarchie, voilà le tableau que présente la République Cisalpine [1]. »

Et ce tableau est exact ! Mais le gouvernement, qui est l'auteur de tous ces maux, est bien impudent d'en accuser les Cisalpins. Trouvé ajoute que « la guerre civile est sur le point de s'allumer dans vos cités. » Voilà pourquoi le Directoire français veut vous sauver ; « mais, scrupuleux sur la manière de faire le bien, il désirerait que vous prissiez vous-mêmes les mesures de salut. » Seulement les députés Cisalpins ont encore été plus scrupuleux ; ils ne se sont pas crus revêtus d'un pouvoir suffisant. En vain Trouvé leur a cité l'exemple des Français et leur a déclaré « que tout devient légitime sous l'empire de la nécessité. Vous avez refusé l'honneur de faire vous-mêmes la régénération de votre patrie. » Mais le peuple ne doit pas être victime de ces scrupules, et la République française « a tendu sa main secourable à son amie. » D'après cette détermination *que vous m'avez forcé de prendre.....*, il leur déclare qu'il va tout changer chez eux ; « et ne croyez pas que ce soit porter atteinte à votre indépendance, n'est-ce pas, au contraire, lui rendre hommage que de l'empêcher d'être compromise ? »

Le corps législatif de la Cisalpine compte 240 membres : c'est beaucoup trop pour sa population et ses finances. Le grand conseil est donc réduit à 80 députés, celui des anciens à 40. On s'aperçoit maintenant que la constitution française, appliquée à la Cisalpine, est disproportionnée à l'étendue de cette république ; « c'est l'armure d'un homme sur le corps d'un enfant. » Il faut donc changer la constitution actuelle sans scrupule, car c'est une sorte d'ordonnance militaire que la nation n'a pas encore

---

[1] *Débats et décrets*, fructidor an VI, p. 376.

sanctionnée, ni par son acceptation immédiate, ni par son suf-
frage pour la nomination aux emplois publics. »

Il y a beaucoup trop de fonctionnaires; les pouvoirs ne sont
pas assez délimités (ici il fait forcément la critique de la constitution de l'an III). Désormais, pour être citoyen, il faudra payer
l'impôt [1]. Trouvé leur apporte, « au nom de la République française et de son gouvernement, » une constitution nouvelle « pour
être sur-le-champ substituée à la précédente. » Tout dans la
république est réorganisé, mais le Directoire nommera, pour la
première fois, aux administrations. Faipoult a un plan tout préparé pour le relèvement des finances; il faut que la commission
des finances s'entende avec lui. Trouvé déclame avec fureur
contre la licence des clubs et des journaux. La République française promet aux Cisalpins la sage liberté, « source inépuisable
de félicité » dont elle jouit depuis le 18 fructidor, et leur donne
sa loi qui met les clubs et les écrits périodiques sous la sur-
veillance du gouvernement.

Le Directoire français nomme directeurs de la République Cisalpine les citoyens Adelasio, Alessandri, Lamberti, directeurs
actuels, Sopranzi, ex-ministre de la police, et Luosi, ministre de
la justice.

Trouvé répète avec affectation qu'il était chargé d'offrir aux
Cisalpins ce plan de réorganisation politique comme un simple
conseil; mais ils ont eu des scrupules : ils ont désiré que ce
fût la République française elle-même qui opérât chez eux ces
réformes salutaires. Vient ensuite la liste des députés qui doivent former le corps législatif. Trouvé désire que les conseils
donnent leur approbation au choix des membres du Directoire.
Naturellement, tout fut approuvé.

Le Directoire de Paris n'avait pas le droit de soutenir qu'il
n'avait donné d'abord qu'un simple conseil aux Cisalpins; il
voulait faire faire un coup d'état, en présence de l'armée française, par ses fidèles de la Cisalpine, afin de pouvoir en décliner
impudemment la responsabilité, ainsi qu'il avait fait pour la

---

[1] Le droit de citoyen sera beaucoup moins facilement accordé à des étrangers : les ennemis de la république entretenaient ainsi dans son sein de soi-
disant patriotes persécutés jadis, qui n'étaient que des traîtres et des espions.
Il veut éloigner aussi les agitateurs vénitiens, piémontais, napolitains, qui
donnent souvent beaucoup d'embarras au Directoire, et sont les agents de ses
adversaires politiques.

prétendue révolution de Gênes. Mais les Cisalpins, en vrais Italiens, n'ont pas voulu, cette fois, être des marionnettes dans sa main; ils ont tenu à rester absolument passifs, et ont ainsi contraint le Directoire de Paris à se mettre en avant, afin de pouvoir dire plus tard à leurs compatriotes, en cas de changement nouveau, qu'ils n'étaient nullement responsables de ce coup d'état et qu'ils ont été forcés de l'accepter [1].

Aussi Trouvé, en annonçant que tout est enfin terminé (lettre du 18 fructidor), regrette qu'on n'ait pu mieux dissimuler l'influence française; il se plaint de Brune. « J'ai été, dit-il, obligé de tout prendre sur moi; le général en chef n'a pas cru devoir signer les actes subséquents à la séance tenue à la légation; me voilà donc seul chargé de la responsabilité entière. »

Le Directoire n'est pas plus satisfait : le 25 fructidor (11 septembre), il écrit à Brune. « Il a vu avec peine que l'autorité de la République française s'est ouvertement montrée dans le changement que vient de subir le gouvernement cisalpin, et que la résolution du conseil des jeunes porte expressément qu'elle a été prise par ordre de la République française. » L'acceptation du peuple cisalpin est donc devenue encore plus nécessaire, et le Directoire charge Brune d'accélérer la présentation de la constitution nouvelle aux assemblées primaires. Il a de mauvais renseignements sur Sopranzi, et s'ils sont confirmés, Brune devra lui demander sa démission ainsi qu'à plusieurs députés suspects. Il fait des recommandations semblables à Trouvé; mais comme Brune dispose des moyens les plus forts, c'est sur lui qu'il compte d'abord pour compléter le coup d'état [2]. Mais les révolutionnaires sont divisés comme à Paris.

Tout de suite après cet acte de despotisme, la célébration de la fête du 18 fructidor fournit aux militaires l'occasion de faire de nouvelles sottises et d'avilir les autorités civiles [3].

---

[1] Faipoult le constate; les députés tous réunis chez l'ambassadeur, en présence de Brune, ont trouvé la constitution nouvelle admirable, mais « aucun n'a voulu prendre le risque de la responsabilité qui aurait pesé sur lui, s'il eût été constituant. » Il a fallu leur laisser prendre un rôle tout passif. La constitution et les lois leur ont été envoyées en séance, et ils les ont acceptées. Les cercles constitutionnels sont fermés à Milan et dans les principales villes. Sauf cent ou deux cents exaltés, Milan est tranquille. (15 fructidor.) Arch. nat., AF³, 71.

[2] Arch. nat., AF³, r. 18.

[3] Dans un dîner qui eut lieu chez Brune, Lahoz, Dufraisse et d'autres gé-

Trouvé se plaint amèrement d'être espionné par le général en chef. La cour de Naples, dit-il, malgré son extrême malveillance pour les Français, savait, mieux que l'état-major de Brune, respecter les convenances dans ses rapports avec lui. C'est sur les instances de Brune qu'il n'a pas exclu le directeur Alessandri, qui est l'homme du général. Au nouveau Directoire, c'est Sopranzi qui est l'homme de Trouvé; l'ambassadeur a toujours soutenu qu'il était le véritable ami des Français, et qu'il fallait absolument l'avoir au Directoire pour bien connaître toutes ses délibérations. Aussi ce Directoire est déjà divisé [1].

La mésintelligence entre Trouvé et Brune s'aggravait tous les jours. Alessandri, le protégé du général, recevait ouvertement les anarchistes; les militaires continuaient leurs exactions. Bonaparte leur avait interdit d'exiger des logements gratuits, mais le général Leclerc avait levé cette défense, et ils en étaient venus à chasser les propriétaires eux-mêmes pour se loger plus au large [2].

Le Directoire fut obligé de reconnaître que Trouvé et Brune ne pouvaient plus rester ensemble à Milan. Il commit une grande faute en envoyant Trouvé à Stuttgart comme chargé d'affaires et le remplaçant par un personnage aussi méprisable et aussi perfide que Fouché. Faipoult écrivait à Paris que cette nomination avait produit le plus mauvais effet : on se demandait à Milan si le Directoire n'avait pas brusquement changé de politique. Le gouvernement cisalpin, par une nouvelle convention du 16 vendémiaire, venait de donner à l'armée française

néraux portèrent des toasts insolents. En présence des ministres des rois alliés, on chanta à la destruction des rois : devant le ministre du roi de Sardaigne, un amnistié exalta l'insurrection récente et porta un toast aux braves morts devant Alexandrie le 16 messidor, et aux braves qui restent pour les venger. Aussi Trouvé déclare qu'on est mal fondé à montrer du mécontentement lorsque les ministres étrangers ne se rendent pas à de pareilles fêtes.

[1] Le journal *il Censore*, rédigé par le Parmesan Gioia, a attaqué le coup d'état : il sera supprimé, et Gioia expulsé avec d'autres étrangers.

[2] Ils se croyaient toujours en pays conquis. Le nouveau commandant de place Pouget fit au théâtre, en présence de l'ambassadeur du Directoire, une scène absolument ignoble. Tout à coup il entra en fureur contre les musiciens, les accusa de jouer des airs contre-révolutionnaires, sortit de sa loge, descendit au milieu de l'orchestre, cassa un archet sur le dos d'un musicien, invectiva les autres dans les termes les plus dégoûtants, et les menaça de les faire fusiller tous. Cette odieuse algarade resta impunie. (Rapport de Faipoult, 9 brumaire an VII, 30 octobre 1798.) Arch. nat., AF³, 71. V. aussi les *Mémoires de la Révellière.*)

douze millions, dont quatre en biens nationaux. Amelot et Fal-
poult préparaient des combinaisons financières que Bruno allait
bientôt renverser.

Fouché arriva à Milan le 21 vendémiaire an III (12 octobre
1798). Il écrivit le 24 qu'il avait remis ses lettres de créance,
mais que les directeurs cisalpins, désireux de le recevoir avec
beaucoup d'éclat, avaient remis sa réception officielle à un jour
qui n'était pas encore indiqué, parce qu'ils n'avaient pas encore
leurs costumes d'apparat. Ce retard lui permit de rester dans
une inaction apparente pendant le coup d'état de Bruno. Ce
général s'était mis dans la tête de réformer de sa propre autorité, et dans le sens du parti dit anarchiste, qui, en France,
avait rompu avec le Directoire actuel, l'organisation et le
personnel nouveau que ce Directoire venait d'établir en Cisalpine. Il comptait, dans sa vanité, sur la peur qu'il lui inspi-
rerait personnellement, et sur sa crainte de blesser l'armée :
il était sûr de la complicité de Fouché, et s'attendait à être soutenu par Barras.

IV.

Pendant la nuit du 27 au 28 vendémiaire (19 octobre), Bruno,
par une simple notification, renvoya de nombreux députés qu'il
remplaça par des opposants, chassa les directeurs, Adelasio,
Sopranzi et Luosi, et leur substitua Brunetti, ministre de la
police, Sabatti, du conseil des Jeunes, et Smancini, personnage
très peu connu. Fouché fit semblant de ne rien savoir ; le soir
même du coup d'état il dînait chez Adelasio et promettait de ne
rien innover [1]. L'acte de Bruno, aussi arbitraire que celui de
Trouvé, n'avait pas un but plus noble. La Révellière voit dans
le remplacement de Trouvé par Fouché, et la complicité de celui-
ci avec Bruno, le résultat d'une trame concertée, depuis le voyage
de Bruno à Paris, « avec Barras et Fouché, désespérés de voir la
malheureuse Cisalpine arrachée à leur oppression, à leurs brigandages, et à la compagnie Bodin dont ils favorisaient les in-
fâmes voleries, et dont ils partageaient les bénéfices [2]. » Adelasio

---

[1] *Mémoires de la Révellière*, t. III, p. 309 : lettre de Trouvé du 29 vendémiaire.

[2] *Mémoires*, t. II, p. 306. Cette accusation n'est que trop vraisemblable. Mais

et Luosi eurent la lâcheté d'accepter de Brune, le premier le ministère des finances, le second celui de la justice, qu'ils occupaient avant d'être directeurs. Sopranzi, au contraire, refusa nettement sa démission à Brune, en lui demandant de quel droit il agissait ainsi envers un peuple libre. Le 1er brumaire Brune donna l'ordre suivant : « Le commandant de la place s'entendra avec le ministre de la police pour faire sortir du palais directorial le citoyen Sopranzi, *ex-directeur*. » Celui-ci déclara qu'il ne céderait qu'à la force, et signa le procès-verbal dressé par l'officier chargé d'exécuter l'ordre : « Sopranzi, directeur de la Cisalpine. » Il envoya aussi à Fouché une protestation à la fois énergique et habile [1]. Brune le fit expulser du palais. Fouché, mis en demeure par Sopranzi, ne protesta point et entra en rapports avec le Directoire de Brune ; il déclara subtilement qu'il n'était pas censé connaître les directeurs, mais bien *un Directoire*. La liberté ne pouvait rien gagner à cette lutte entre deux coteries d'exploiteurs révolutionnaires.

Les cercles constitutionnels furent immédiatement rouverts, et l'on y débita les discours les plus jacobins. Brune s'empressa de convoquer les assemblées primaires pour présenter à leur acceptation la constitution cisalpine, un peu modifiée, et à la suite la liste de ceux qu'il appelait aux plus hautes fonctions. Le général et ses adhérents pensaient que l'adoption de ces listes par les assemblées primaires allait leur conférer une légitimité suffisante. On fut admis à ces assemblées dès l'âge de dix-sept ans; celle de Milan se tint dans la cathédrale; et s'il faut en croire Trouvé, les anarchistes plantèrent un arbre de liberté dans l'église, brûlèrent certains objets qui s'y trouvaient, et commirent sur l'autel des profanations dégoûtantes. La

La Révellière cède aux habitudes révolutionnaires, en insinuant qu'ils se faisaient payer par l'Autriche, pour empêcher la consolidation de la République Cisalpine.

[1] La République française, disait-il, a renoncé à s'annexer la Cisalpine comme conquête : pourquoi un simple général la traite-t-il en pays conquis? On pouvait lui demander de quel droit lui, qui venait d'être nommé par le coup d'état de Trouvé, critiquait si vivement celui de Brune. Aussi fait-il ressortir adroitement que le 13 fructidor la France a cru devoir améliorer la situation de la Cisalpine, mais sur le consentement des conseils, et en exposant tout au long les motifs de son intervention; tandis que Brune n'a fait qu'un coup de force sans même daigner en exposer les motifs. Il proteste contre cette tyrannie, et déclare qu'il se considérera toujours comme directeur.

même comédie fut jouée dans toute la république, et l'on proclama que la constitution de Bruno était acceptée par le peuple.

Fouché fut reçu officiellement le 30 vendémiaire par le nouveau Directoire, et se mit immédiatement à battre en brèche Amelot et Faipoult [1]. Le 8 brumaire, il déclare au gouvernement cisalpin qu'il ne peut y avoir d'autre intermédiaire entre la France et lui que l'ambassadeur du Directoire, et qu'il va le notifier à tous les agents français. Tout doit donc lui passer par les mains. Il écrit au Directoire de Paris que la triste situation des affaires de la Cisalpine doit être attribuée aux exigences contradictoires des agents de la France, et cherche par toutes sortes de mensonges à le détourner de prendre une résolution énergique sur le coup d'état de Bruno ; il espère ainsi lui faire accepter, par lassitude, le fait accompli.

Aussitôt après ce coup d'état, Amelot avait protesté auprès du Directoire de Paris (29 vendémiaire, 20 octobre) contre les actes de Bruno et contre le parti militaire.

« Jusqu'à présent, dit-il, tous les Français qui sont venus en Italie, sauf un bien petit nombre, ont tout fait pour se faire détester en pillant le pays et trompant ses habitants et son gouvernement. » Si la guerre recommence, il faudra être toujours sur ses gardes contre la trahison des Italiens, car s'ils ne désirent pas se donner à l'ennemi, ils brûlent de se venger des Français. Ces deux coups d'État successifs ne peuvent qu'aggraver leurs dispositions hostiles. On pille, on dilapide : et il cite beaucoup de faits odieux.

« Dans la Romagne, le crédit est nul, le pays n'offre lui-même aucune ressource, les banquiers y achètent leur liberté au prix de l'argent qu'ils fournissent pour des effets qu'on les oblige à prendre sous peine de prison. »

« Dans les dernières campagnes, des ressources immenses ont été englouties par le mauvais choix et l'immoralité des agents chargés de les réunir et de les réaliser. Le pillage et le vol ont remplacé l'ordre et l'économie. Dans celle qui peut s'ouvrir d'un moment à l'autre, des ressources également importantes peuvent être conquises par l'armée française sur divers points, mais il ne faut pas que les ressources acquises par le sang du soldat, tournent au profit de quelques chefs ou d'agents sans pudeur [2]. »

---

[1] Dans une lettre du 13 brumaire, il accuse Amelot de n'avoir pas la *sincérité républicaine* pour vertu favorite. Cette accusation est fort jolie de la part d'un Fouché.

[2] Arch. nat., AF³, 71.

Depuis le dernier coup d'état, l'autorité militaire interceptait la correspondance des commissaires civils. Amelot s'en plaignit formellement au Directoire de Paris. Ce coup d'état avait surexcité la cupidité d'un grand nombre de fournisseurs et de militaires ; on parlait plus que jamais de guerre avec la Sardaigne et avec Naples ; aussi Amelot prévient le Directoire (4 brumaire) de se tenir en garde contre les pilleries qu'on prépare.

« La conquête de Naples, si elle doit avoir lieu, fait ici l'objet des spéculations d'une foule de particuliers, mais aussi de plusieurs commissaires de guerre, et même de généraux. Il faut cependant éviter, par les mesures les plus sévères, que les richesses considérables qui devraient tourner au profit de la république et servir à alimenter toutes les armées de l'Italie, *ne deviennent la proie de quelque général comme à Rome*, et d'une foule de particuliers qui se feraient expédier des commissions pour avoir le droit de piller à leur aise sous le spécieux prétexte de veiller aux intérêts de la république. Il en existe déjà, données antérieurement à mon arrivée, et dont je surveille les opérations fort irrégulières et fort obscures. Je vous fais ces observations, citoyen président, parce que je suis déjà étourdi d'une foule de demandes dont le but caché est d'obtenir de moi le moyen de faire fortune aux dépens de la nation [1]. »

L'état-major est absolument corrompu : tout s'achète, tout se vend, dans la malheureuse Cisalpine, et l'on s'y moque impudemment des gens qui ne volent pas.

Le coup d'état de Brune, et surtout l'injonction faite par Fouché aux Cisalpins de ne pas traiter avec les commissaires français avaient bouleversé les projets financiers de Faipoult et d'Amelot, et fait effondrer un emprunt qu'Amelot avait préparé, et que les banquiers avaient presque souscrit [2]. Faipoult, furieux, réclama comme lui auprès du Directoire, qui apprit avec beau-

---

[1] Arch. nat., AF³, 71.

[2] Le 9 brumaire, Faipoult envoya le plan de réorganisation des finances qu'il avait présenté au Directoire de Trouvé. Les chiffres présentent de l'intérêt. Il évalue les dépenses ordinaires pour l'an VII à soixante-six millions cinq cent mille livres, plus onze millions de dépenses extraordinaires pour l'armée. Le traitement en froment de chacun des cent vingt députés est évalué à 7,849 livres ; celui de chaque directeur, à 56,942 ; de chaque ministre, à 28,475. Il compte quinze millions pour l'armée en temps de paix, plus dix-huit millions pour l'armée française, et encore onze millions de dépenses militaires extraordinaires.

coup d'étonnement ce nouveau coup d'état. Le 4 brumaire, il écrivit à Fouché pour lui reprocher de l'avoir compromis. Il avait, disait-il, parlé seulement de remplacer quelques personnes, mais il était loin de sa pensée d'autoriser un bouleversement presque général, et surtout de permettre qu'on remît en place des exclus qui écouteraient leurs ressentiments dans l'exercice de leurs fonctions. Si des directeurs ou des députés sont soupçonnés, il faut leur demander adroitement une démission qu'ils n'oseront pas repousser. Il s'en rapporte à sa prudence et l'invite trop mollement à se concerter avec Faipoult et Amelot. Cependant les actes de Brune étaient déclarés nuls et de nul effet, ainsi que les destitutions de fonctionnaires qu'il aurait faites depuis [1]. Le 5, le Directoire écrivit à Brune et à Fouché qu'il venait de recevoir une dépêche de Brune sur son coup d'état, et qu'il persistait dans son blâme [2]. Mieux éclairé, il prit, le 17 suivant (10 novembre), un arrêté plus longuement motivé qui confirmait celui du 4 : il déclarait que le vœu du peuple cisalpin ne pouvait être exprimé par des assemblées où des enfants de dix-sept ans avaient été admis à voter, que la commune de Milan, contenant plus de 200,000 personnes, n'avait pu évidemment émettre un vœu dans une assemblée unique. Il annulait en conséquence tous les actes de Brune, et son ambassadeur devait cesser toute relation avec le Directoire cisalpin jusqu'à ce qu'il fût reconstitué comme avant le 28 vendémiaire ; les assemblées primaires devaient être convoquées pour voter sur l'acceptation du projet de constitution présenté par Trouvé.

Brune fut remplacé par Joubert, et, au lieu de le traduire devant un conseil de guerre, le Directoire lui donna le commandement de l'armée de Hollande. Mais il laissait à Milan son complice Fouché, et personne n'était plus habile que lui en escamotages de toute espèce. Le Directoire aurait dû, dès le premier jour, destituer et Brune et Fouché, les remplacer par des hommes sûrs, et balayer l'état-major de Milan.

Joubert était honnête, et n'avait pas l'ambition brouillonne de son prédécesseur, mais il était peu éclairé et assez crédule;

---

[1] Arch. nat., AF³, r. 19.
[2] *Ibid*. Le Directoire ordonne en même temps à Fouché de chasser le fournisseur Laporte de Milan et de l'Italie, ainsi que Lamotte et Sabatier de Cabre, « de quelque mission ou emploi qu'ils puissent être revêtus. »

aussi devint-il aisément la dupe de Fouché et de l'état-major de Brune. Fouché retarda si habilement l'exécution des arrêtés des 4 et 17 brumaire, qu'elle devint presque impossible : grâce à ses manœuvres et à la crédulité de Joubert, il fallut recourir à un troisième coup d'état.

La guerre était imminente; Joubert demandait au gouvernement cisalpin de compléter son armée de 23,000 hommes, et de donner le plus tôt possible, en numéraire, les millions en biens nationaux qu'il avait cédés à la France pour son armée. De son côté, Fouché essayait d'endormir le Directoire français en se vantant de faire des choses merveilleuses. Il prétendait avoir rétabli à Milan le prestige et l'autorité de l'ambassadeur français, et jeté de la poudre aux yeux des souverains étrangers par des actes très habiles. « Le gouvernement cisalpin, disait-il, est aujourd'hui tout ce qu'il peut et doit être. » Il se vantait aussi d'avoir mis les journaux au pas [1].

Grâce au coup d'état de Brune, les finances de la Cisalpine étaient désorganisées, et les pillards paraissaient triompher. Aussi, le 9 brumaire, Faipoult soumettait au Directoire français une suite de réformes radicales qu'il fallait opérer au plus vite dans l'armée d'Italie.

D'abord, le général en chef n'aura d'autorité que sur elle seule. Les Français qui ne font partie ni des troupes, ni des administrations militaires, ne relèvent que des agents diplomatiques du Directoire. C'est évident, mais nécessaire à proclamer, « parce qu'il est passé d'usage, en Italie, que l'état-major général de l'armée, et jusqu'aux simples commandants de place, croient pouvoir exiler, vexer et expulser les Français qui leur déplaisent, et qui restent sans défense contre ce genre d'oppression »

Le général en chef ne doit correspondre ordinairement avec les gouvernements libres, comme la Cisalpine, sur le territoire desquels son armée est établie, que par les agents diplomatiques, car l'autorité militaire n'en veut reconnaitre aucune autre, et envahit tout. Si l'on ne prend ce parti, nul Cisalpin ou Romain honnête et éclairé ne voudra accepter une fonction administrative.

---

[1] Ils avaient l'habitude d'insulter les gouvernements étrangers : il a arrêté la distribution d'une brochure contre le roi de Naples, et il prétend que son ministre en a été touché *jusqu'aux larmes* (21 brumaire). Arch. nat., AF³, 71.

Il faut interdire absolument aux généraux et aux états-majors de faire des marchés d'approvisionnement, de s'y réserver un intérêt et de faire des réquisitions. Récemment l'état-major a fait un marché important pour approvisionner les places, « et l'on a vu que 250,000 livres ont été distribuées par les entrepreneurs pour témoignage de leur reconnaissance. »

Les généraux, officiers de tout grade, commissaires, paieront les droits de douane pour les objets de leur consommation particulière dans les territoires cisalpin, romain et ligurien [1]. La balance des recettes et des dépenses n'existera que lorsque cet abus monstrueux aura disparu.

Il faut absolument que les commandants de place n'aient d'autorité que sur les militaires : il y en a qui usurpent tous les pouvoirs et font même des visites domiciliaires.

L'abus des logements est plus scandaleux que jamais. Un simple capitaine ne se contente pas d'un appartement de trois ou quatre pièces; certains officiers, dont les régiments sont dispersés en Italie, se font donner un logement permanent à Milan. Il en est qui se font accorder à la fois le logement et une indemnité en argent pour le logement. Le général en chef, d'après Faipoult, ne pourra plus donner une gratification de plus de 2,000 livres sans qu'elle soit visée par le commissaire du gouvernement chargé des finances. Brune n'a-t-il pas donné 50,000 livres à l'agent qu'il avait chargé de se transporter à Lucques pour obtenir 800,000 livres de cette république?

Amelot, le 16 brumaire, dévoilait la conduite tortueuse de Fouché. On savait que le Directoire avait cassé les actes de Brune; mais Fouché, loin de publier ses arrêtés, feignait de ne

[1] « Rien n'est comparable aux abus qui naissent des franchises illimitées que s'arroge tout individu qui tient à l'armée. Cela est devenu un moyen de concussions et de gains illicites soit pour les commandants, soit pour les gens qui abusent de leur nom. » Aussi les entrées de la ville de Milan diminuent singulièrement, bien que la population soit extrêmement accrue. Amelot dénonçait aussi le même abus le 5 frimaire. « Des généraux usent de leur autorité pour faire entrer en franchise des objets destinés au commerce, et dont ils ne sont pas dans le cas de consommer la millième partie, et privent la République Cisalpine de ses revenus. » Naturellement ils participent aux bénéfices des marchands qu'ils protègent Arch. nat., AF³, 71. Rivaud, dans une lettre du 3 nivôse, déclare que la Cisalpine est entravée dans la perception de dix-sept millions de droits, à cause des militaires qui servent de sauvegarde à la contrebande à ce point qu'un seul monté dans une voiture du pays a le droit d'en empêcher la visite. (*Ibid.*, 72.)

rien savoir. Enfin, après avoir traîné le plus longtemps possible, il communique les arrêtés aux agents français ; mais ce retard systématique avait singulièrement fortifié le parti qu'il fallait expulser du pouvoir, et dont Fouché était devenu l'appui. Il avait à moitié réussi, car, le 27 brumaire (17 novembre), Amelot écrivait confidentiellement à Treilhard qu'il était devenu presque impossible d'exécuter complètement les ordres du Directoire. Si Fouché, aussitôt après avoir reçu l'arrêté du 4, l'avait exécuté, aucune résistance n'aurait été à craindre, car les membres des conseils et du Directoire cisalpin étaient encore inquiets de l'illégalité de leurs nominations, et l'opinion publique se serait prononcée contre eux. Au contraire, Fouché, en dissimulant ce décret, les avait enhardis. Le général en chef, Fouché, Faipoult et Amelot tinrent une sorte de conseil ; mais Joubert était devenu la dupe de Fouché : les commissaires se laissèrent intimider, et l'on reconnut que l'application tardive de l'arrêté du Directoire serait dangereuse et peut-être inefficace : le Directoire en fut prévenu par une lettre collective [1].

Les commissaires, joués et humiliés, cherchent du moins à sauver les finances de l'armée : Amelot, comme Faipoult, dénonce de graves dilapidations.

« La manière de recueillir les fruits des victoires n'a été jusqu'à présent qu'une espèce de pillage, aucune des opérations faites sur le territoire conquis n'a présenté à ses habitants un avantage qui les indemnisât de leurs pertes ou de leurs sacrifices. *La liberté ne leur a été apportée que suivie du vol et de l'immoralité*, ils ne sont sortis de dessous le joug du despotisme que pour tomber dans les griffes d'une foule d'intrigants avides de leurs richesses, qui plus jaloux de faire fortune que de faire aimer, respecter leur patrie, ont

---

[1] Elle fut rédigée par Amelot sur les instances de Fouché. Joubert (d'après ce que Faipoult écrivit à la Révellière *Mémoires*, t. III, p. 474) soutint que l'ennemi était aux portes, que Brune avait fanatisé par avance Bologne, Brescia, et plusieurs autres villes qui seraient des foyers de troubles si l'on défaisait son œuvre. Faipoult est de cet avis, il croit même que Brune a répandu de l'or. Selon lui il faut céder, annuler les actes de Brune pour la forme, mais regarder comme valide l'acceptation de sa constitution, et sanctionner les choix qu'il a faits. C'est un *triste parti*, dit-il, mais il n'y a pas moyen de faire autrement. Le bruit court que les anarchistes ont donné trois mille louis à Brune lors de son départ, et deux mille à Fouché pour s'assurer son appui. Amelot, en avouant sa défaite, attaque vivement le chef d'état-major Suchet et insinue timidement que Fouché est un être immoral (27 brumaire). Arch. nat., AF³, 71.

tout fait, au contraire, pour aliéner l'esprit des étrangers contre elle. \
« Jusqu'ici, les entrepreneurs de subsistances et de fournitures sont les principaux acquéreurs des biens nationaux conquis, il en est qui les ont gardés effrontément sans payer leurs créanciers : d'autres les ont vendus pour payer leurs denrées, mais à vil prix, et à des opérateurs en sous-ordre [1]. »

Il résulte de tout ceci que ces vastes confiscations de biens nationaux ne profitent qu'à des tripoteurs français, et qu'on ne parvient pas, comme on y comptait tout d'abord, à exciter et assouvir les convoitises des révolutionnaires et des tripoteurs locaux et à former ainsi dans le pays un parti lié par ses intérêts aux révolutionnaires français. Pour éloigner les fournisseurs et les agioteurs, Amelot propose d'établir une sorte de loterie, avec des billets-actions, imposés presque tous [2]. Il venait de déterminer le Directoire cisalpin à donner huit millions de biens nationaux.

Amelot reçut, sur ces entrefaites, un arrêté du 17 brumaire qui le chargeait formellement de traiter des finances avec les divers gouvernements d'Italie, et le rendait tout à fait indépendant de Fouché. Il continua donc à signaler les agissements de l'ambassadeur et les dilapidations des généraux et des fournisseurs. « La corruption est si grande dans cette armée, qu'on voit des généraux vous proposer de faire payer des ordonnances d'arriéré parce qu'ils en auront la moitié.... » Le commissaire ordonnateur en chef stipule un intérêt dans toutes les affaires, « et c'est un mal commun à tous les commissaires de guerres : celui qui

---

[1] 26 brumaire, Arch. nat., AF³, 71.

[2] Il suppose que l'on veut réaliser pour vingt millions de biens nationaux en numéraire. On fera onze mille actions de deux mille livres chacune; « elles seront réparties sur une certaine classe de citoyens (par conséquent obligatoires comme une contribution), payables partie comptant, partie aux termes que les circonstances permettraient. « *Mille seront distribuées gratuitement aux familles nombreuses et pauvres du pays conquis, ainsi qu'à celles qui pourront avoir contribué au succès de la révolution.* C'est une prime aux traîtres, un moyen de payer certains services. On fera faire l'estimation de vingt-deux millions de biens à cinq pour cent du produit net d'après les baux. Tous ces biens seront vendus aux actionnaires (forcés presque tous). Ceux-ci seront tenus d'abord de choisir entre eux des administrateurs de ces biens, et en attendant, ils trouveront le revenu de leurs actions dans les fermages. Ces actions, pour éviter l'agiotage, ne pourront être ni transmises ni vendues. Un actionnaire désire-t-il réaliser ? il demande un domaine, et le sort décidera quelles actions seront remboursées et annulées avec son prix. Amelot voit dans cet impôt-loterie de grands avantages. Arch. nat., AF³, 71.

prend ce qu'on lui donne est le plus honnête [1].... » Certains généraux établissent des taxes, les perçoivent à leur profit, ou se font payer des passeports, des permissions de faire sortir des denrées ou marchandises ; d'autres se font donner des intérêts dans les fournitures. Tous ces abus sont fort enracinés, tout ce monde-là s'entend, à prix d'or on étouffe les dénonciations, et personne n'ose par peur fournir son témoignage ; la vérité est interceptée par les fripons et n'arrive jamais au Directoire.

Les fournisseurs font des bénéfices énormes et cependant ne remplissent guère leurs engagements.

L'habitude de passer à Paris les marchés de toute espèce de fournitures nécessaires à une armée est une des principales causes des prix ruineux pour le gouvernement : ou les fournisseurs méritent d'aller à l'échafaud pour les autorités qu'ils compromettent, en alléguant les sacrifices qu'ils sont obligés de faire à Paris [2], ou ces autorités sont coupables, ou le gouvernement est dupé. Il ne m'appartient pas de prononcer sur de pareilles circonstances, mais les prix exorbitants de tous les marchés passés pour le compte du gouvernement, ou résultent de ces sacrifices, ou doivent compenser les avances que ces compagnies sont tenues de faire [3].

Naturellement, il affecte d'adopter cette dernière explication, mais alors pourquoi les compagnies annoncent-elles toujours qu'elles vont suspendre leur service faute de fonds, bien que des avantages énormes leur soient assurés ? « C'est cependant l'exemple que la compagnie Bodin, chargée des subsistances, et la compagnie Félice, chargée de l'habillement, offrent journellement. » Qui empêche donc de faire la preuve de ces abus criants ? « la crainte seule d'être sacrifié comme plusieurs l'ont été pour avoir osé se plaindre et résister à la corruption. » Tout commentaire est inutile.

Amelot insiste sur la nécessité de mettre fin à tant d'abus ; il faut que cette armée « soit aussi respectable par sa composition que par son courage [4]. »

---

1 « C'est dans leurs mains que réside le pouvoir de couvrir le désordre et le vol même du manteau de la régularité. »
2 C'est-à-dire des pots-de-vin à certains directeurs et à leur entourage.
3 5 frimaire. Arch. nat., AF³, 71.
4 Amelot écrit encore, le 8, que certains chefs administrateurs de l'armée,

Suchet, chef d'état-major de Brune, avait su habilement accaparer le nouveau général en chef et conserver sa place, destinée d'abord à un général de l'armée du Rhin. Tout le parti de Brune se croyait triomphant. Joubert en vint même à demander au Directoire la destitution d'Amelot et de Faipoult. Mais le Directoire, reconnaissant un peu tard qu'il avait été joué, destitua Fouché, après bien des hésitations, et chargea Rivaud de se rendre à Milan pour exécuter ses arrêtés et annuler les actes de Brune.

Rivaud arriva à Milan le 16 frimaire (6 décembre). Joubert, qui marchait le lendemain contre le Piémont, lui dit que l'exécution de sa mission était dangereuse, mais n'y apporta aucun obstacle. Aussi Rivaud défit le coup d'état de Brune sans rencontrer aucune opposition; néanmoins le Directoire établi par Trouvé ne fut pas réinstallé complètement. Sopranzi avait donné sa démission pour faciliter la pacification, mais Alessandri avait refusé la sienne. Quelques membres des conseils choisis par Brune furent conservés : Il y eut donc transaction forcée sur certains points. Il en résulta que tout le monde fut mécontent de ce nouveau coup d'état. Les révolutionnaires cisalpins s'aplatirent devant la force, mais Rivaud annonçait au Directoire (26 frimaire) que l'état-major et certains Français montraient une vive irritation.

« .... Ces agitateurs, disait-il, ne perdront point leur audace, tant que Suchet, tant que Fouché ne sera point éloigné. A l'égard de Fouché, j'ai pris un arrêté dans lequel, m'autorisant de ceux que vous avez pris pour le faire rappeler et l'obliger de sortir de la Cisalpine, et de ceux du 21 fructidor dernier et du 10 de ce mois, qui ont pour objet d'expulser l'Italie les Français non employés dans l'armée, je lui ai fait enjoindre de quitter le Piémont, à défaut de quoi faire je lui ferai signifier votre mandat d'amener [1]. »

dont il connaît les dilapidations, « ont poussé l'impudence jusqu'à me faire proposer en sous-main de participer à leurs brigandages. Aussi suis-je devenu par un refus leur plus cruel ennemi. » (Ibid.)

[1] Fouché était allé intriguer à Turin. Rivaud se plaint vivement de Suchet, qui s'était permis de mettre à l'ordre du jour une gazette contenant une note de Fouché qui « garantissait la durée de l'opération de Brune. » Il envoie aussi un tableau curieux des actes du Directoire de Brune qui a duré du 28 vendémiaire au 17 frimaire. Ce Directoire a demandé aux conseils d'abord un impôt de douze millions, qui fut repoussé, puis un autre de dix-huit sur

Fouché fit courir le bruit que le Directoire avait approuvé ses actes et qu'il allait revenir quand tout serait arrangé avec le général en chef. Cette bravade produisit à Milan une vive agitation ; alors Rivaud, décidé à en finir, lui envoya à Turin un gendarme chargé de lui signifier le mandat d'amener et l'ordre de partir d'Italie. Cette expulsion violente de Fouché, après le rôle qu'il vient de jouer, est tout à fait amusante [1]. Cependant Rivaud se trouvait à Milan dans une situation très difficile ; malgré les clameurs des militaires [2] et des anarchistes, il supprima des journaux, ferma des clubs, et expulsa des étrangers et des Français en vertu de l'arrêté du Directoire qu'il avait eu soin d'appliquer à son prédécesseur.

V.

Mais, malgré ses efforts, la Cisalpine est toujours troublée et les dilapidations continuent. Un témoin non suspect de puritanisme, Audoin, nommé consul à Messine, mais qui n'a pu se rendre à son poste à cause de la guerre, envoie de Milan au Directoire, le 8 nivôse an VII (28 décembre 1798), une lettre confidentielle sur les dilapidations de ses agents et sur la haine que les Français se sont attirée en Italie. Suivant lui, cette contrée est en conspiration permanente. Monarchistes, partisans de la république unique, révolutionnaires au pouvoir, tous haïssent la France. Les abus d'autorité, la démoralisation, l'incapacité, la cupidité de ses agents, servent beaucoup cette haine. Après avoir tout pillé, déjà ils s'apprêtent à piller encore le Piémont, Naples, la Toscane, etc.

certains propriétaires fonciers. Les conseils lui demandèrent de spécifier les besoins pour lesquels il proposait cet impôt : il garda le silence. En outre, Rivaud envoie un décret du Directoire de Brune enjoignant à la trésorerie de lui délivrer huit mandats de 25,000 livres chacun, payables incessamment, sur le million et dep... mis à la disposition du Directoire pour gratifications; « quoiqu'il ne soit p... démontré par le registre que la somme ait été versée dans les mains du général (Brune), cela est constaté (dit le nouveau Directoire) pour ce qui est au moins des trois mille louis, par la déposition authentique du trésorier et payeur national. » Arch. nat., AF³, 71.

[1] Le Directoire écrivit, le 20 nivôse, à Eymar, son agent en Piémont, d'enjoindre à Fouché, s'il se trouvait à Turin, de quitter cette ville dans le jour, et de sortir du Piémont dans les deux jours suivants. Arch. nat., AF³, r. 10.

[2] Rivaud soutient que l'état-major a reçu des gratifications du Directoire de Brune et intrigue contre lui. Les factieux se réunissent chez Pouget, commandant de place de Milan, dont il demande la destitution.

« Dépouiller, vexer, coléler les Italiens, faire ce qu'on appelle ses affaires, désigner, écarter, proscrire comme un sot, comme un imbécile, comme un être dangereux, celui qui ne les fait pas et ceux qui se souillent du crime d'empêcher les autres de les faire, voilà le superbe système que j'ai trouvé en vigueur. »

S'il ne connaissait pas le Directoire, dit-il, il aurait pu le croire décidé à former un cercle de fripons, hors duquel il n'y aurait ni grâces, ni faveurs, afin de pomper les ressources de l'Italie.

Il dénonce les menées du parti dit anarchique parmi les Français d'Italie, et du parti de l'unité républicaine de l'Italie [1]. Il accuse violemment le défroqué Bassal, qui est à Rome, de jouer double jeu, et de voler, d'exploiter le pays, de concert avec sa femme. Il dénonce les manœuvres de Fouché et de plusieurs autres, le mauvais esprit des militaires, les projets ambitieux et subversifs de leurs chefs, et prédit que leur rentrée en France suscitera au pouvoir de graves difficultés.

Rivaud est occupé à préparer encore une nouvelle constitution pour le peuple cisalpin, mais, le 3 nivôse, il écrit au Directoire qu'il n'ose pas la présenter, parce que les chefs de l'armée n'en veulent pas, et qu'il ne pourra rien faire tant que Suchet et le commandant de place Pouget, se laisseront mener par d'odieux terroristes. Du reste, pour présenter au peuple avec succès ce code républicain, il faudrait qu'on ne lui fît pas détester ses auteurs, les Français. On foule ce malheureux peuple : Rivaud constate que les militaires et les fournisseurs continuent à voler la république de ses droits de douane, qui sont pour elle une importante ressource. « On a vu ici deux mille officiers logés chez l'habitant, lorsqu'il n'y avait pas dans la place deux mille hommes de troupes. » Il donne sur toutes ces extorsions de tristes détails. On pille, on dilapide dans toutes les armées françaises d'Italie, surtout dans celle qui est sur les frontières du royaume de Naples ; il sait de bonne source que le général I.....
« ayant fait capture d'une caisse militaire sur les Napolitains, s'en est appliqué à lui seul la confiscation, au grand scandale du corps qu'il commande. Dans l'expédition du Piémont le général.... allait de son côté, imposant des contributions dont une

[1] Arch. nat., AF³, 72. « On ne parlait de rien moins que de clouer sur le mont Cenis tous les porteurs d'ordre du Directoire exécutif. »

partie était, de son aveu, pour lui sans la résistance du général Joubert. » Il faut absolument éloigner les généraux des affaires administratives et des affaires politiques, sinon il faut s'attendre aux plus odieux abus « de la part des chefs, et des chefs spécialement, car *ici on dit qu'il n'y a rien de plus honnête que l'armée française, depuis le soldat jusqu'au capitaine inclusivement.* »

Rivaud n'avait pas publié la démission de Sopranzi; et ce directeur continuait ses fonctions. L'état-major français contrecarrait ouvertement l'ambassadeur du Directoire. Rivaud avait exigé les démissions de certains anarchistes et de « coquins dangereux. » Il voulut ensuite les faire arrêter, mais ils trouvèrent un refuge à l'état-major. Les chefs de l'armée affectaient de n'entretenir aucun rapport officiel avec Rivaud et le nouveau Directoire. Suchet se dispensait de lui répondre même sur les sujets les plus graves. La faiblesse et les hésitations des directeurs avaient produit sur les militaires le plus déplorable effet. Ce régime est en pleine décomposition.

L'armée d'Italie est évidemment travaillée par ces révolutionnaires hostiles au Directoire qui espèrent aux élections prochaines prendre leur revanche du coup d'état du 21 floréal an VI. Rivaud, Audoin [1], et d'autres agents civils accusent formellement les généraux de conspirer contre le Directoire avec certains révolutionnaires français et italiens, pour renverser tout ce qu'il a établi en Italie, et ensuite le renverser lui-même. Par un juste retour des choses d'ici-bas, ces fructidoriens, qui en l'an V faisaient appel aux armées d'Italie pour chasser la majorité modérée des conseils, craignent maintenant que ces armées ne réalisent contre eux les menaces qu'ils leur ont fait adresser aux victimes de fructidor. Cependant, rien ne prouve qu'il y ait eu entre les généraux une conspiration véritable, dans le sens classique du mot. Mais il est évident qu'à cette époque ces généraux, séduits par l'exemple de Bonaparte, répugnent de plus en plus à reconnaître l'autorité supérieure du Directoire, et traitent ses agents avec le plus insolent dédain. Brune est un maladroit et ridicule parodiste de Bonaparte. Ces militaires veulent singer le conquérant de l'Italie, s'ériger en

[1] Suivant Audoin, l'agression du roi de Naples a fait une diversion très heureuse pour le Directoire à ce point de vue. (Lettre du 5 nivôse.)

dictateurs, braver *les avocats* du Directoire et avoir aussi leur cour. Certains révolutionnaires italiens les flattent habilement, afin de les déterminer à suivre l'exemple de Brune, à renverser les gouvernements établis par le Directoire. Une fois au pouvoir, ils comptent bien saisir une occasion favorable, profiter d'une défaite ou de troubles en France pour jeter les Français hors de l'Italie. Et les généraux ne sont que trop portés à les écouter: ils méprisent les directeurs, d'abord parce qu'ils ne sont pas militaires, ensuite parce qu'ils sont absolument dépourvus de tout prestige comme gouvernants, et même méprisables comme individus; et les opposants exploitent ce mépris à leur profit. Il ne faut pourtant pas croire que ces militaires soient foncièrement jacobins; ils n'ont dans la tête aucune opinion raisonnée, mais simplement une certaine phraséologie révolutionnaire sur les lèvres; ils ne savent ce qui s'est passé, ce qui se passe actuellement en France, que par des récits absolument fantaisistes. Ils n'ont pas le temps de réfléchir; ce sont pour la plupart des hommes d'une ignorance déplorable en dehors des choses de la guerre. Ils sont furieux contre les agents civils qui veulent les empêcher de s'ériger en dictateurs, et les généraux honnêtes, par vanité militaire, font chorus avec eux.

Aussi Rivaud est très inquiet et demande au Directoire de le soutenir. Il lui signale les manœuvres et les discours menaçants de Suchet, de Championnet, de Lahoz, et même de Joubert, qui s'est laissé entraîner par ses ennemis.

« J'apprends à l'instant que le général en chef a dit hier, en présence de plusieurs personnes, le ministre de la guerre Vignole y étant, qu'il ne savait pas ce qu'on voulait faire ici d'un ambassadeur, qu'au premier coup de canon il me f.... à la porte. Deux des directeurs viennent de rendre cela à mon secrétaire ¹. »

Ce propos ne doit pas être regardé comme une grossière boutade de Joubert. Rivaud croit que le parti militaire a arrangé son plan d'avance: aux premières hostilités on proclamera l'état de siège, le gouvernement cisalpin sera annihilé, et lui, Rivaud, recevra l'ordre de partir (lettre du 0). Il déclare au Directoire qu'il n'obéira pas, mais il ne pourra plus lui envoyer aucune dépêche, et le Directoire ne devra pas s'étonner de son silence.

¹ Lettre du 7 nivôse. Arch. nat., AF⁴, 72.

Le général Bruno se flatte que son parti n'est pas si abattu ni dispersé « qu'il ne puisse se rassembler d'un coup de sifflet. »

Le 10 nivôse (30 décembre), Rivaud présenta officiellement ses lettres de créance au Directoire qu'il avait reconstitué. Ce Directoire se plaignait avec raison d'être écrasé par la grande république. Il venait de lui rappeler humblement que sa république de trois millions d'habitants avait, en trois mois, fourni à l'armée française, en deniers et en nature, trente millions. Amelot attestait, en effet, qu'elle avait donné : 1° quatre millions cinq cent mille livres pour sa contribution mensuelle; 2° douze millions en exécution de la convention du 18 vendémiaire; 3° quatorze millions pour l'approvisionnement des places, qui donnait lieu à beaucoup de désordre et d'abus [1]. Mais la fameuse compagnie Bodin, bien qu'elle ait reçu en l'an VI et en l'an VII, tant à Paris qu'en Italie, près de vingt-deux millions, ne fait pas son service, et l'on vit au jour le jour; et les commissaires des guerres font partout des réquisitions très dures [2]. Le Directoire cisalpin, pour se procurer l'argent destiné à l'armée française, est obligé d'exaspérer les populations. D'accord avec les conseils il a, dans le courant de nivôse, imposé une taxe de guerre de dix millions dont moitié doit être payée dans trois décades. L'effet produit par ces trois coups d'état successifs est déplorable, et l'on s'attend toujours à un nouveau changement, d'autant mieux que Joubert est en mésintelligence complète avec Rivaud et Amelot. Lui aussi veut par moment singer Bonaparte, et prend avec eux des airs de pacha pour des questions de finances auxquelles il ne comprend absolument rien; il viole les arrêtés du Directoire. Aussi Rivaud écrit, le 28 nivôse, à Rewbell qu'on ne peut présenter aux Cisalpins la constitution nouvelle, à cause de l'attitude de Joubert, car elle leur

[1] Le désordre est tel que dans la place si importante de Mantoue on se sert de l'approvisionnement de siège pour subvenir aux besoins journaliers des troupes (lettre du Directoire cisalpin du 11 nivôse). Le fait est confirmé par une lettre du même jour du commissaire ordonnateur Blanchon : il se plaint qu'on manque de tout à Mantoue. Il n'y avait pas un morceau de bois dans cette place quand les froids rigoureux ont commencé : on a pris le bois des habitants : on y manque aussi de viande, et de temps en temps on enlève celle qui est destinée aux particuliers. Arch. nat, AF³, 82.

[2] « On pousse les vexations au point de dételer les bœufs des voitures des cultivateurs pour les mener à la boucherie; et ces voitures elles-mêmes étaient chargées de denrées pour l'approvisionnement de siège. » Ibid.

fait croire que l'armée les invite à « repousser une législation présentée par un gouvernement *qu'on affecte de ne pas reconnaître.* » Maintenant Joubert « boude littéralement à Reggio, où il a par affectation placé son quartier général. » Mais, au milieu de tous ces embarras, lorsqu'on est menacé de voir recommencer la guerre dans des conditions peu favorables, Rivaud, en bon courtisan du Directoire, se préoccupe beaucoup de faire célébrer pompeusement à Milan la fête du 21 janvier[1].

Lorsque le Directoire de Paris rompit avec l'Autriche (22 ventôse an VII, 12 mars 1708), la Cisalpine était plus que jamais livrée aux pillards et aux factieux. La grande masse de la population aspire à être délivrée des exactions des agents du Directoire, et celui-ci ne peut même compter sur la minorité révolutionnaire, car elle est divisée et mécontente. Les modérés relatifs sont honteux de l'asservissement de leur pays et des exactions qu'il subit. Les violents veulent tout accaparer ; ils excitent généraux et soldats français à l'insubordination et même à la révolte contre le parti qui domine alors dans le Directoire, et se coalisent avec des anarchistes venus de France pour le renverser. La déclaration de guerre excita encore la cupidité de révolutionnaires importants, de députés qui voulaient absolument s'enrichir en se faisant donner des fournitures à l'armée, et se livraient à des intrigues honteuses. Rivaud se plaint que les biens nationaux soient vendus à vil prix à des compagnies, et que la discorde soit plus vive que jamais entre l'élément civil français et l'armée.

Schérer avait été nommé général en chef. A peine arrivé à Milan, il fut très alarmé du gâchis financier et voulut retirer les fournitures à la compagnie Bodin et en charger le Directoire cisalpin, qui devait aussi entretenir 80,000 hommes et 15,000 chevaux, tout en subissant la contribution actuelle ; et il lui fit cette demande de manière à ne pas lui laisser les moyens de la rejeter[2]. Mais ce Directoire réclama pour paiement des domaines

---

[1] Le Directoire français, bien que la guerre fût imminente, désorganisa l'armée cisalpine après avoir contraint son Directoire à faire de grandes dépenses pour elle. Il lui avait imposé un tiers d'officiers français, néanmoins il déclara, le 22 pluviôse an VII, que tous ceux qui resteraient à son service perdraient leur nationalité. Le général Vignole, ministre de la guerre par la volonté de Bonaparte, dut donner sa démission.

[2] Lettre d'Amelot. 15 ventôse. Arch. nat., AF4, 72.

nationaux en Italie, au lieu de domaines nationaux en France ;
au fond il regardait ce dernier mode de remboursement comme
tout à fait dérisoire. Schérer s'entendit avec Amelot pour vendre
six ou huit millions de biens nationaux de Piémont à la Cisalpine, et celle-ci devait les payer en donnant chaque mois un
million en numéraire à la place de la compagnie Bodin.

Mais Schérer fut repoussé près de Vérone, et quelques jours
après complètement battu par les Autrichiens à Magnano (16 germinal, 5 avril). L'armée française était fort compromise, et bien
que Schérer eût laissé le commandement à Moreau, elle fut défaite à Cassano (8 floréal, 27 avril). Moreau dirigea cette retraite
difficile avec son habileté bien connue, mais il lui fallut évacuer
Milan et abandonner la Cisalpine aux coalisés.

Après la défaite de Magnano, le Directoire et les conseils
cisalpins furent complètement affolés. Les révolutionnaires
avaient en perspective une invasion autrichienne, l'effondre-
ment de leurs fortunes nouvelles, et peut-être des vengeances
terribles à subir ; et ils avaient, en outre, à redouter la haine
des anarchistes. Les soldats, furieux, réclamaient à grands cris
la destitution de Schérer. Le Directoire cisalpin demanda à Rivaud de se rendre au camp et d'en imposer aux soldats par sa
présence et par ses discours. On voit, par cette proposition
absurde, combien les esprits étaient affolés par la peur. Rivaud,
qui se rendait très bien compte des sentiments des soldats à
l'égard des commissaires civils, n'eut garde de courir pareil
risque. Il répondit que son intervention serait absolument
inutile, et que le Directoire cisalpin devait agir énergiquement
et par lui-même. Vu les circonstances, les conseils donnèrent à
leur Directoire une véritable dictature pour trois décades ; mais
l'armée française se retirait et la Lombardie était de plus en
plus découverte ; il fallait de l'argent et des renforts ; aussi la
République Cisalpine était-elle dans la plus triste situation. Le
23 germinal, Rivaud écrit que les Milanais sont en pleine
panique et que les anarchistes cherchent à exploiter la situation
à leur profit. Directeurs et ministres ne songent qu'à fuir, et
Rivaud cherche inutilement à les rassurer. Dans la nuit du
23 au 24, Piollini, ministre de la police, se sauve. Le Directoire, pour plaire aux prétendus patriotes, nomme trois commissions extraordinaires, militaire, des finances et de police géné-

rale ;·mais il les compose mal à leur gré, et ceux-ci demandent
qu'on organise des colonnes mobiles, qu'on rouvre les cercles
constitutionnels et qu'on prenne des otages contre l'Autriche. Le Directoire cisalpin et Rivaud repoussent ces exigences
et lancent une proclamation pour rassurer les hommes d'ordre.
Les révolutionnaires sont furieux et les gouvernants perdent la
tête. Le 21, des commissaires des deux conseils invitent leur Directoire à poser cette question au gouvernement français : Si les
Autrichiens menacent Milan, a-t-il l'intention de conserver réunis le Directoire et le Corps législatif cisalpins et de maintenir
ainsi « la personne morale du peuple cisalpin qu'ils ont jusqu'ici
représenté ? » Le directeur Sopranzi, qui a toujours joué un rôle
un peu louche, transmet cette demande à Rivaud, avec des déclamations sur l'impuissance du Directoire. Rivaud répond assez
fièrement que le gouvernement français a l'intention de maintenir la République Cisalpine; mais il ne s'agit, suivant lui, que
d'un danger éphémère, et il n'aurait jamais cru que le gouvernement cisalpin, même devant un danger sérieux, pût donner un
spectacle aussi humiliant pour les républicains, et il invite les
Cisalpins à ne songer qu'au danger de la patrie, et à se reposer
sur la loyauté et la puissance de la France [1]. Mais déjà beaucoup
de prétendus républicains songent à faire leur paix particulière
avec l'Autriche. Quelques jours après, le 4 floréal, Rivaud se plaint
encore des complots de prétendus patriotes qui sont soutenus
par certains militaires français, et des intrigues du directeur Sopranzi, qui a su se faire passer pour un homme indispensable.

Mais Moreau bat en retraite, et la débandade est complète en
Cisalpine. Directeurs, députés, prennent la fuite à l'envi ; les
uns se réfugient à Gênes, d'autres à Bologne; plusieurs restent
à Milan pour faire leur paix avec les vainqueurs. Le 8 floréal
au soir (27 avril), Rivaud quitte Milan [2], et deux heures après le
général Hatry évacue la capitale de la Cisalpine. Le Directoire
en a laissé le gouvernement à une commission de trois membres, nommée un peu avant son départ; mais le lendemain un
petit corps de uhlans pénètre dans Milan ; aussitôt une foule de

---

[1] Lettre de Rivaud, 20 germinal. Arch. nat., AF³, 72.

[2] Avec ses papiers et les personnes attachées à l'ambassade, « abandonné,
dit-il, de tous les domestiques que j'avais pris dans le pays, qui me volèrent
et me quittèrent. » Arch. nat., AF³, 72.

personnes et la commission militaire elle-même vont au-devant des Autrichiens. Les alliés sont accueillis avec transport. Les habitants de la Polésina et des vallées de Brescia et de Bergame s'étaient soulevés les premiers; après Cassano, l'insurrection fut générale en Lombardie, en Toscane, à Modène, etc., et les autorités révolutionnaires disparurent devant elle. Souvarow fit observer une exacte discipline par ses troupes. En entrant à Milan, il promit que la religion serait rétablie partout, et baisa publiquement la main de l'archevêque. Le fameux Lahoz avait déjà déserté de nouveau. De nombreux Cisalpins, qui avaient flatté bassement les révolutionnaires français, passèrent sans vergogne du côté des Autrichiens.

Rivaud se réfugia à Turin, avec quatre directeurs et une trentaine de députés cisalpins; de Turin il passa en Savoie, car on ne pouvait plus défendre le Piémont. Beaucoup de révolutionnaires profitèrent de cet affreux désordre pour commettre des dilapidations honteuses. Rivaud écrit, le 14 floréal, que le directeur Adelasio a disparu [1], et qu'un autre de ses codirecteurs passe pour avoir pillé tout à son aise au milieu de cette débandade.

Les prétendus patriotes, qui avaient fait leur fortune en Lombardie par des dilapidations honteuses, tout en déclamant avec emphase en l'honneur de la liberté, de la république, de la constitution, furent très bien accueillis par ces fougueux républicains qui s'étaient enrichis en France de la même manière; on les vit bientôt, avec leurs dignes protecteurs, acclamer le 18 brumaire, ramper devant Bonaparte, et porter tout aussi allégrement le deuil de leur république et de leur constitution tant de fois violée.

---

[1] Botta, *Histoire d'Italie*, t. IV, nous apprend qu'il fit sa paix avec les Autrichiens en leur révélant l'endroit où étaient déposés l'argent et les archives.

BESANÇON. — IMPR. ET STÉRÉOTYP. DE PAUL JACQUIN.

www.ingramcontent.com/pod-product-compliance
Lightning Source LLC
Chambersburg PA
CBHW051729050726
47598CB00003B/1106